Direito do consumidor
Os 22 anos de vigência do CDC

CÓPIA NÃO AUTORIZADA É CRIME
ABDR
ASSOCIAÇÃO BRASILEIRA DE DIREITOS REPROGRÁFICOS
RESPEITE O DIREITO AUTORAL

Preencha a **ficha de cadastro** no final deste livro
e receba gratuitamente informações sobre
os lançamentos e promoções da Elsevier.

Consulte também nosso catálogo completo,
últimos lançamentos e serviços exclusivos no site
www.elsevier.com.br

AUTORES

Antônio José Maristrello Porto

Carlos Affonso Pereira de Souza

Fabiana Luci de Oliveira

Rachel Marques Guitton

Ricardo Morishita Wada

Direito do consumidor
Os 22 anos de vigência do CDC

COORDENADORES
Ricardo Morishita Wada
Fabiana Luci de Oliveira

Fechamento desta edição: 10 de maio de 2012

Edição 2012

ELSEVIER

CAMPUS
JURÍDICO

© 2012, Elsevier Editora Ltda.

Todos os direitos reservados e protegidos pela Lei nº 9.610, de 19/02/1998.

Nenhuma parte deste livro, sem autorização prévia por escrito da editora, poderá ser reproduzida ou transmitida, sejam quais forem os meios empregados: eletrônicos, mecânicos, fotográficos, gravação ou quaisquer outros.

Copidesque: Claudia Guarnieri
Revisão: Renato Mello Medeiros
Editoração Eletrônica: Tony Rodrigues

Elsevier Editora Ltda.
Conhecimento sem Fronteiras
Rua Sete de Setembro, 111 — 16º andar
20050-006 — Rio de Janeiro — RJ

Rua Quintana, 753 – 8º andar
04569-011 – Brooklin – São Paulo – SP

Serviço de Atendimento ao Cliente
0800 026 53 40
sac@elsevier.com.br

ISBN: 978-85-352-6143-1

Nota: Muito zelo e técnica foram empregados na edição desta obra. No entanto, podem ocorrer erros de digitação, impressão ou dúvida conceitual. Em qualquer das hipóteses, solicitamos a comunicação à nossa Central de Atendimento, para que possamos esclarecer ou encaminhar a questão.

Nem a editora nem o autor assumem qualquer responsabilidade por eventuais danos ou perdas a pessoas ou bens, originados do uso desta publicação.

CIP-BRASIL. CATALOGAÇÃO-NA-FONTE
SINDICATO NACIONAL DOS EDITORES DE LIVROS, RJ

D635

Direito do consumidor : uma análise dos 22 anos de vigência do código de defesa do consumidor / Ricardo Morishita Wada, Fabiana Luci de Oliveira, organizadores. - Rio de Janeiro : Elsevier : FGV, 2012.

(FGV Rio)

Inclui bibliografia
ISBN 978-85-352-6143-1

1. Brasil. [Código de defesa do consumidor (1990)]. 2. Defesa do consumidor - Legislação - Brasil. I. Wada, Ricardo Morishita. II. Oliveira, Fabiana Luci de. III. Série.

12-2649.   CDU: 34:366(81)(094.46)

Os organizadores

Fabiana Luci de Oliveira
Professora da Escola de Direito da Fundação Getulio Vargas no Rio de Janeiro (Direito Rio). Coordenadora de Pesquisa do Centro de Justiça e Sociedade da Direito Rio. É doutora em Ciências Sociais pela Universidade Federal de São Carlos, com doutorado sanduíche em Sociologia pela Northwestern University (Chicago, IL), e pós-doutorado em Ciência Política pela Universidade de São Paulo.

Ricardo Morishita Wada
Professor da disciplina Direito do Consumidor, na Escola de Direito da Fundação Getulio Vargas no Rio de Janeiro (Direito Rio). Mestre em Direito pela Universidade de São Paulo-USP, foi diretor do Departamento de Proteção e Defesa do Consumidor – órgão da Secretaria de Direito Econômico do Ministério da Justiça (2003-2010) e presidente do Foro Ibero-americano de Agências de Governo de Proteção do Consumidor (2004-2005). Tem 22 anos de experiência na área de Direito do Consumidor.

Os autores

Antônio José Maristrello Porto
Master of Laws – L.L.M. e Doctor of the Science of Law – J.S.D., ambos pela University of Illinois (USA). Professor e pesquisador da Escola de Direito da Fundação Getulio Vargas no Rio de Janeiro (Direito Rio). Coordenador do Centro de Pesquisas em Direito e Economia da FGV (Direito Rio).

Carlos Affonso Pereira de Souza
Doutor em Direito Civil na Universidade do Estado do Rio de Janeiro. Vice-Coordenador do Centro de Tecnologia e Sociedade (CTS) da Escola de Direito da Fundação Getulio Vargas no Rio de Janeiro (Direito Rio). Professor dos cursos de graduação e pós-graduação da Direito Rio e da PUC-Rio. Membro da Comissão de Direito Autoral, Direitos Imateriais e Entretenimento da OAB/RJ.

Rachel Marques Guitton
Doutoranda em Direito do Comércio Eletrônico pela Université de Nancy II. Mestre em Direito do Comércio Internacional pela Université de Nancy II (2007). Pós-graduada em Direito Empresarial pela Fundação Getulio Vargas. Pesquisadora da Escola de Direito da Fundação Getulio Vargas no Rio de Janeiro (Direito Rio) e do Centre de Recherche de Droit Privé (CRDP).

Apresentação

Em setembro de 2012, o Código de Defesa do Consumidor completará 22 anos de vigência na sociedade brasileira. Este é um momento oportuno para um balanço do impacto que ele representou na vida dos consumidores, assim como das próprias empresas.

Trata-se de um lugar-comum a observação de que o Código de Defesa do Consumidor trouxe inúmeros avanços e benefícios para toda a sociedade, no tocante à qualidade de produtos e serviços, assim como nas próprias relações entre consumidores e fornecedores.

Há uma percepção de que foram anos de aprendizagem e transformações que resultaram em uma elevação positiva do patamar de relacionamento entre consumidores, fornecedores e o Estado. É possível recordar que há quase 22 anos vivia-se em um Brasil de inflação de mais de 2.000% ao ano, com planos e pacotes econômicos, controle de preços e supermercados de prateleiras vazias. No cenário do dia a dia do consumidor, os produtos não tinham data de validade e a publicidade podia utilizar artifícios, ainda que equivocados, para anunciar produtos e serviços.

O País mudou e atingiu a estabilidade econômica. Produtos possuem data de validade e o próprio mercado instituiu um importante mecanismo de controle publicitário. A despeito dos desafios, a proteção do consumidor mudou e melhorou, conforme registro dos órgãos e entidades de defesa do consumidor e importantes segmentos do mercado.

Com o objetivo de examinar todas estas transformações nas relações de consumo foi desenvolvida a pesquisa "O Brasil e o CDC: 21 anos de vigência", cujo foco é saber como ele, o consumidor, vê o seu direito, a norma de proteção, o seu exercício e a sua realização. Se há uma preocupação com o consumidor, procuramos também examinar o mercado e o seu reflexo nas principais empresas que lideram, na perspectiva econômica, a sua feição mais direta e representativa. Indagamos como elas sentiram os vinte e um anos do CDC, assim como a sua relação com o marco normativo, além da sua reflexão para as próximas décadas.

Esta publicação é resultado desta pesquisa, e conta também com a colaboração dos professores da FGV Direito Rio, Antonio Porto Maristrello e Carlos Affonso Pereira de Souza, e da pesquisadora e doutoranda Rachel Marques Guitton.

O livro que segue está estruturado em cinco capítulos. No primeiro capítulo, "Percepção, hábitos e atitudes dos brasileiros com relação aos direitos do consumidor", Fabiana Luci de Oliveira traça um panorama geral da pesquisa com os consumidores focando em quatro âmbitos: o conhecimento que eles têm dos seus direitos, sua percepção no tocante ao respeito a estes direitos por parte do mercado, o exercício de deveres enquanto consumidor, ou seja, as práticas de prevenção, e a vivência de conflitos de consumo e formas usuais de solução destes.

Em "O comportamento da nova classe média brasileira nas relações de consumo", segundo capítulo, de autoria de Fabiana Luci de Oliveira e Ricardo Morishita Wada, é feita uma abordagem qualitativa da percepção e do exercício dos direitos do consumidor da nova classe média, o consumidor da Classe C. O foco é entender o quanto os consumidores conhecem o CDC e a motivação e a disposição que eles têm de reclamar seus direitos e qual o caminho que utilizam para solucionar conflitos de consumo.

No terceiro capítulo, "Notas sobre relações de consumo e comércio eletrônico", Carlos Affonso Pereira de Souza e Rachel Marques Guitton examinam questões atuais e controvertidas sobre direito do consumidor e comércio eletrônico, refletindo alguns dos resultados da pesquisa sobre comércio eletrônico e trazendo questionamentos sobre a aplicação do princípio da boa-fé objetiva na contratação eletrônica. Os autores analisam temas como o momento da formação do contrato e o regime das ofertas para aquisição de bens e serviços *online*.

O quarto capítulo, "O consumidor brasileiro e o crédito – os prós e contras do cadastro positivo", é dedicado às relações dos consumidores com o crédito. Aqui, Antônio José Maristrello Porto e Fabiana Luci de Oliveira discutem também uma das políticas pensadas para o barateamento do crédito, o cadastro positivo, instituído no Brasil pela Lei nº 12.414, de 2011. Os autores refletem alguns dos aspectos positivos que essa política poderia trazer se implementada de forma ideal, mas atentam para os inúmeros riscos que ela implica, abordando especialmente a questão da privacidade do consumidor.

E, por fim, no quinto capítulo, "O Código de Defesa do Consumidor na visão das empresas", de Ricardo Morishita Wada e Fabiana Luci de Oliveira, é realizada uma discussão dos principais resultados da pesquisa com as empresas, buscando entender sua visão e comportamento perante o CDC. O capítulo traz um panorama geral da avaliação que as empresas fazem do CDC, relata as práticas das empresas no tocante ao atendimento ao consumidor e ao tipo de monitoramento que elas fazem desse atendimento, e discute a agenda das empresas quanto ao relacionamento com o consumidor, abordando a atitude das empresas diante da regulação das relações de consumo no País.

Sumário

1 Percepção, hábitos e atitudes dos brasileiros com relação aos Direitos do Consumidor 1
Fabiana Luci de Oliveira

2 O Comportamento da nova classe média brasileira nas relações de consumo 31
Fabiana Luci de Oliveira e Ricardo Morishita Wada

3 Notas sobre relações de consumo e comércio eletrônico 51
Carlos Affonso Pereira de Souza e Rachel Marques Guitton

4 O consumidor brasileiro e o crédito — os prós e contras do cadastro positivo 67
Antônio José Maristrello Porto e Fabiana Luci de Oliveira

5 O Código de Defesa do Consumidor na visão das empresas 87
Ricardo Morishita Wada e Fabiana Luci de Oliveira

1

Percepção, hábitos e atitudes dos brasileiros com relação aos Direitos do Consumidor

FABIANA LUCI DE OLIVEIRA

Introdução

O movimento pela proteção e defesa dos direitos do consumidor no Brasil é bastante recente. Enquanto nos Estados Unidos e na Europa o consumerismo data do final do século XIX, tendo se consolidado já nas primeiras décadas do século XX, no Brasil, como bem documenta Marcos Vinicius Pó (2008), até a década de 1970 as iniciativas nessa área foram isoladas e pouco consolidadas, sendo lideradas sobretudo pelo poder público. No fim da década de 1970 surgiram os órgãos públicos de proteção ao consumidor, como o Procon. No entanto, foi apenas na década de 1980 que o movimento se fortaleceu, tendo como principais marcos institucionais a Constituição de 1988, o Código de Defesa do Consumidor (CDC, Lei nº 8.078, de 11/09/1990) e a criação dos Juizados Especiais (Lei nº 9.099, de 26/09/1995).

Desde a promulgação do CDC até hoje muita coisa mudou no Brasil, especialmente no que se refere ao cenário socioeconômico. O Brasil de hoje é muito menos desigual do que era na década de 1990. Indicadores como IDH e índice de Gini[1] apontam melhorias substanciais na qualidade de

---

1. O índice de desenvolvimento humano (IDH) é uma medida de condições de vida da população, e sua construção leva em conta três indicadores: esperança de vida ao nascer, educação e Produto Interno Bruto (PIB) *per capita*. Já o índice de Gini é uma medida da desigualdade de renda, variando de 0 a 1, e 0 indica a maior igualdade possível, ou seja, situação na qual toda a população de determinado país possua riqueza equivalente, e 1 a maior desigualdade possível, com apenas uma pessoa detendo toda a riqueza do país. Para maiores detalhes consultar o site do Programa das Nações Unidas para o Desenvolvimento (PNUD): <http://www.pnud.org.br>.

vida da população brasileira – em 1990 o IDH brasileiro era de 0,723, passando em 2009 para 0,813, ingressando com isso no grupo de países com IDH alto. E o Índice de Gini, que nos anos de 1990 era de 0,6091, melhorou significativamente em 2009, caindo para 0,5448.

Além disso, houve crescimento da riqueza nacional (PIB), expansão da oferta e barateamento do crédito, controle da inflação e sua manutenção em patamares baixos, recuperação do emprego formal, crescimento real do valor do salário mínimo, assim como o aumento do alcance de programas de transferência de renda, como o bolsa-família (ver Oliveira, 2010).

Segundo Marcelo Néri (2010), a proporção da população pobre no País (classe E), que era de 34,96% em 1990, encolheu para 15,32% em 2009. A classe D encolheu de 27,17% para 23,62% no mesmo período. A classe C aumentou de 32,52% para 50,45%. A classe B cresceu de 2,96% para 5,51% e a classe A, de 2,39% para 5,10%. Ao todo, um contingente de cerca de 30 milhões de brasileiros deixou os estratos mais carentes e ascendeu para a classe média. Néri coloca ainda que entre 2001 e 2009 a renda *per capita* dos 10% mais ricos no País aumentou em 1,49% ao ano; já a renda dos mais pobres cresceu a 6,79% ao ano (2010, p. 10).

No cenário político desenhou-se uma situação de estabilidade, uma vez que desde a redemocratização, com a Constituição de 1988 e as eleições presidenciais diretas de 1989, o País vem procurando fortalecer a cidadania e as instituições democráticas.

Somando-se ao cenário de estabilidade econômica e política, ocorreu também uma melhora na escolaridade dos brasileiros. De acordo com dados da Pesquisa Nacional por Amostra de Domicílios do IBGE (PNAD), em 1990 a escolaridade média dos brasileiros maiores de 15 anos era de 5,2 anos. Em 2009 a média subiu para 7,5 anos.

Em suma, o que esse conjunto de indicadores mostra é a melhoria geral das condições de vida dos brasileiros em um movimento de mobilidade social ascendente. Embora o Brasil continue a figurar na lista dos dez países mais desiguais do mundo, hoje o País apresenta o seu menor nível de desigualdade de renda, desde a década de 1960 (Néri, 2010, p. 11).

E, à medida que ascendem socialmente, os brasileiros também modificam seu padrão de consumo, passando a consumir mais e com maior diversidade, ampliando e sofisticando sua cesta de produtos e serviços. O Brasil já é hoje uma economia de massa, e estima-se que até 2014 o País será o quinto maior mercado consumidor do mundo, ficando atrás apenas de Estados Unidos, Japão, China e Alemanha.

Neste cenário de transformações, do aumento considerável do mercado consumidor brasileiro, e passadas duas décadas da existência do CDC, procuramos verificar como os brasileiros se comportam no tocante ao conhecimento dos seus direitos de consumidor, mapeando também hábitos e atitudes em relação ao exercício desses direitos.

Com esta finalidade, conduzimos uma pesquisa nacional (*survey*) entrevistando 1.400 pessoas com 18 anos ou mais de idade, moradoras de áreas urbanas dos municípios brasileiros. A amostra seguiu o perfil da população conforme os dados da última Pesquisa Nacional por Amostra de Domicílio (PNAD, 2009). Assim, selecionamos os entrevistados de acordo com cotas proporcionais à população urbana no que se refere a gênero, faixa etária, escolaridade e condição de ocupação (população economicamente ativa ou não).[2]

Neste capítulo descrevemos os principais resultados da pesquisa. O capítulo está dividido em quatro tópicos: (1.1) Conhecimento dos direitos do consumidor; (1.2) Percepções sobre o respeito aos direitos do consumidor; (1.3) Práticas de prevenção; e (1.4) Vivência de conflitos e exercício dos direitos.

1.1 Conhecimento dos direitos do consumidor

A grande maioria dos brasileiros está familiarizada com a existência do CDC. Perguntamos aos entrevistados se eles o conheciam ou já tinham ouvido falar dele, e 72% responderam afirmativamente. Esse conhecimento é fortemente influenciado pela renda e pela escolaridade dos entrevistados, e quanto maiores a renda e a escolaridade, maior o conhecimento. Notamos também que os moradores dos grandes centros urbanos tendem a conhecer mais o Código do que os moradores de localidades do interior. Se considerarmos que os Procons, com a mídia, são os principais protagonistas na divulgação de direitos e do Código, e constatando que em cerca de

---

2. A amostra foi feita considerando como população-alvo os brasileiros, pessoas físicas, com 18 anos ou mais de idade, moradores de áreas urbanas dos municípios do país. Utilizamos como fontes de dados a população total dos municípios segundo o Censo IBGE 2010 e os dados dos setores censitários de acordo com o IBGE 2000. Os dados de distribuição de sexo, faixa etária, instrução e PEA foram extraídos da PNAD 2009. Separamos os municípios brasileiros em cinco segmentos: Regiões Metropolitanas das Capitais e Capitais; Municípios com até 100 mil habitantes; Municípios de 100 mil até 500 mil habitantes; Municípios de 500 mil até 1.000 mil habitantes; e Municípios acima de 1.000 mil habitantes. E então adotamos um desenho quantitativo probabilístico, utilizando um modelo de seleção de conglomerados estratificados em três fases: a primeira fase de seleção de setores e seleção automática dos municípios por meio do método de probabilidade proporcional ao tamanho. A segunda fase de seleção de domicílios, que foram selecionados sistematicamente, com início aleatório e salto constante. E a terceira fase de seleção do entrevistado, em que este foi selecionado de acordo com cotas proporcionais à população urbana segundo sexo, faixa etária, grau de instrução e condição de trabalho (população economicamente ativa ou não). Como utilizamos uma amostra estratificada, selecionada mediante conglomerados em três fases, não há para esse modelo estatístico fórmulas conhecidas para o cálculo de erro. Assim, optamos por adotar a seguinte fórmula para o cálculo do erro amostral aproximado:

$$d_p = (\sqrt{\frac{p.q}{n}}) z$$

Onde, n = tamanho da amostra
Z = valor da distribuição Normal (0,1), referente à margem de confiança determinada de 95% = 1,96
p = proporção de entrevistados favoráveis ao atributo pesquisado
q = proporção de entrevistados desfavoráveis ao atributo pesquisado
O campo foi conduzido pela empresa Dfatto, que aplicou os questionários entre os dias 15 de janeiro e 14 de fevereiro de 2011.

90% dos municípios brasileiros não há Procon, entendemos melhor o menor acesso que os moradores do interior têm ao conhecimento dos seus direitos de consumidor.

Um importante e recente marco para a difusão do CDC é a Lei nº 12.291/2010, que determina que estabelecimentos comerciais e prestadores de serviço do País mantenham, em local visível e de fácil acesso aos consumidores, um exemplar do Código, o que contribui bastante para a difusão e popularização deste.

Entretanto, o conhecimento da existência do Código não implica seu uso efetivo: a vasta maioria dos brasileiros nunca consultou o CDC. Perguntamos aos entrevistados que declararam conhecer ou já ter ouvido falar sobre o CDC (72% dos entrevistados) se eles já haviam consultado o documento, e apenas 16% deles responderam afirmativamente (ou seja, apenas 11% dos brasileiros já consultaram o CDC).

A utilização do CDC é mais expressiva pelos brasileiros de renda e escolaridade altas, mas mesmo entre esse público a consulta ainda é precária. É mister que a política pública seja pensada não apenas para tornar o Código conhecido, mas também o seu conteúdo. Os desafios são muitos, especialmente se considerarmos que o brasileiro ainda não tem consolidado o hábito de leitura. A pesquisa "Retratos da leitura no Brasil"[3] constatou que 45% dos brasileiros acima dos cinco anos de idade não têm o hábito de ler. A pesquisa mostrou ainda que a proporção de não leitores diminui de acordo com renda familiar, classe social e escolaridade.[4]

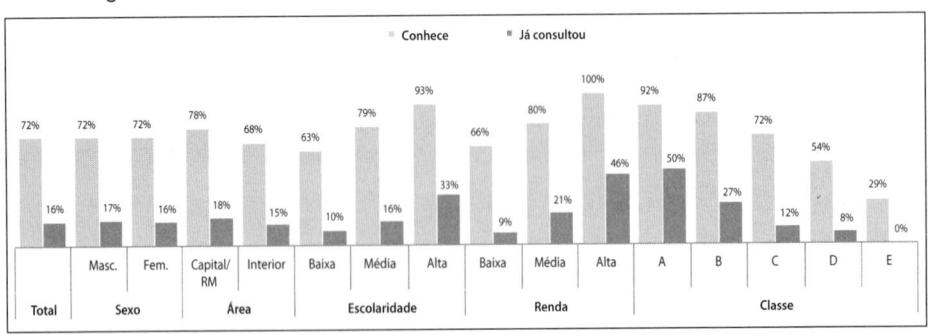

Figura 1. **Percentual de entrevistados que conhecem e já consultaram o CDC.**

Base: 1.400 entrevistados.

3. Disponível em: <http://www.prolivro.org.br/ipl/publier4.0/dados/anexos/48.pdf>. Acesso em: 8 jul. 2011.
4. Aqui utilizamos a classificação de renda como alta (acima de R$ 4.320,00), média (de R$ 1.080,01 até R$ 4.320,00) e baixa (até R$ 1.080,00). Escolaridade também foi classificada como alta (superior completo ou mais), média (ensino médio completo até superior incompleto) e baixa (até ensino médio incompleto). No caso de classe, utilizamos o chamado Critério de Classificação Econômica Brasil da Abep (Associação Brasileira de empresas de Pesquisa). O Critério Brasil dá a classificação em classes econômicas a partir do levantamento de características domiciliares (presença e quantidade de alguns itens domiciliares de conforto e grau de escolaridade do chefe de família) para diferenciar a população em segmentos. A classificação é feita pela atribuição de pontos em função de cada característica domiciliar. Somando-se os pontos obtidos faz-se então a correspondência por estratos de classificação econômica definidos por A1, A2, B1, B2, C1, C2, D, E. Para mais informações, consultar o site da Abep: <http://www.abep.org/novo/>.

O fato de saberem da existência do Código, mas nunca tê-lo consultado, reflete também no nível de conhecimento que os brasileiros têm acerca dos direitos de consumidor – ao serem indagados sobre o quanto conheciam os direitos que possuem como consumidores, apenas 32% afirmaram conhecer bem tais direitos. Os brasileiros com altas escolaridade e renda são os que declararam mais conhecer seus direitos.

Figura 2. **Grau declarado de conhecimento dos entrevistados acerca dos direitos do consumidor.**

	Total	Área		Escolaridade			Classe					Renda			Conhece CDC	
		Capital/RM	Interior	Baixa	Média	Alta	A	B	C	D	E	Baixa	Média	Alta	Sim	Não
Bem	32%	38%	29%	26%	31%	59%	29%	17%	35%	25%	40%	62%	37%	21%		
Pouco	50%	45%	53%	50%	54%	62%	52%	48%	55%	29%	52%	48%	50%	48%		
					37%	35%	40%		34%	29%	22%	38%		30%		
Nada	18%	17%	18%	23%	15%	4%	4%	8%	16%			12%	13%			

Base: 1.400 entrevistados.

O baixo conhecimento acerca dos direitos do consumidor insere-se em uma realidade de baixo conhecimento de direitos em geral. Pesquisa conduzida por Dulce Pandolfi et al. (1999) no fim da década de 1990, com moradores da região metropolitana do Rio de Janeiro, identificou que mais da metade dos entrevistados (56,7%) não conhecia um só direito que possuíam como cidadãos.

Partindo da concepção clássica de cidadania desenvolvida por Marshall (1967), que a desdobra na posse de direitos civis, políticos e sociais, Pandolfi identifica que a maioria dos que sabem citar um direito menciona direitos sociais (25,8%). Na sequência aparecem os direitos civis (com 11,7% das menções). Os direitos políticos são referidos por uma minoria (1,6%). Segundo a autora,

> No imaginário do povo, a palavra "direitos" (usada, sobretudo no plural) é, via de regra, relacionada com aquele conjunto dos benefícios garantidos pelas leis trabalhistas e previdenciárias implantadas durante a era Vargas. Portanto, não é de se estranhar que na pesquisa "Lei, justiça e cidadania" os direitos sociais tenham sido os mais "reconhecidos" pela população (1999, p. 53).

E afirma ainda, no que se refere aos direitos políticos, que o voto é visto mais como dever do que como direito.

Na visão de Pó (2008), a promoção do conhecimento de direitos e dos mecanismos de sua efetivação é o principal desafio a ser encarado pela sociedade civil no tocante à proteção dos direitos do consumidor. Tendo em vista os resultados encontrados por Pandolfi et al. (1999) e pela nossa pesquisa, podemos afirmar que a educação para os direitos é desafio não apenas na seara do consumidor, mas deveria ser pensada como política pública geral.

Apesar do baixo conhecimento sobre os direitos que possui, o consumidor sabe a quem recorrer em caso de desrespeito ou dúvidas em relação a esses direitos: 72% declararam conhecer organização ou instituição que possam procurar para obter informação ou ajuda no caso de terem um direito de consumidor desrespeitado – e quanto mais altas a renda e a escolaridade, maior o conhecimento. Moradores das capitais e regiões metropolitanas também conhecem mais essas instituições do que moradores do interior, e os conhecedores do CDC conhecem mais do que os que não conhecem esse instrumento. Procon e instituições de defesa do consumidor são os mais citados. Também aparecem a defensoria pública, o judiciário, a polícia e o site **reclame aqui** – que, apesar de mencionado por apenas 1% dos entrevistados, indica uma importante tendência apontando para o potencial da internet como arena de promoção de direitos.

Figura 3. **Percentual de entrevistados que declararam conhecer organização ou instituição a que possam recorrer para defesa dos direitos do consumidor.**

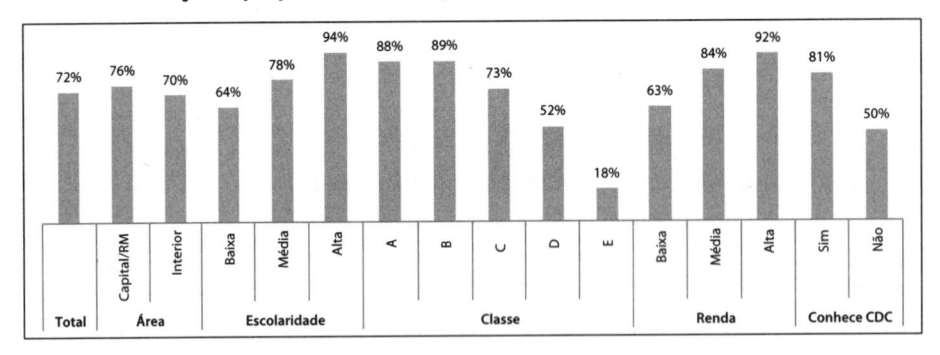

Base: 1.400 entrevistados.

Figura 4. **Organização ou instituição para defesa dos direitos do consumidor.**

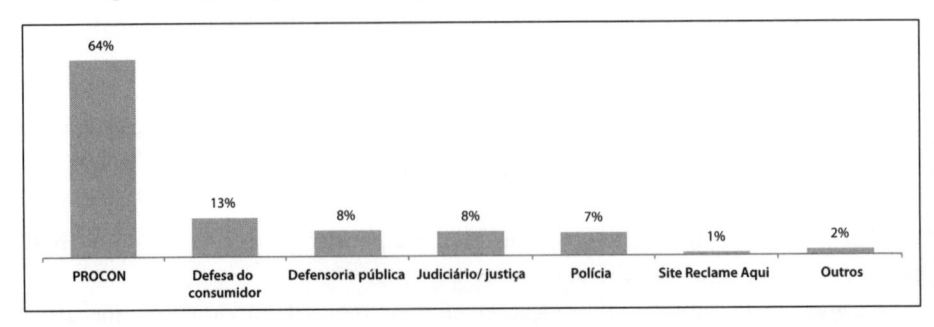

Base: 1.008 entrevistados (que declararam conhecer organização ou instituição).

No Brasil temos hoje 31% dos domicílios das áreas urbanas conectados à internet (ver Cetic.br, 2010),[5] e, se considerarmos a população usuária, temos 81,3 milhões de internautas no Brasil – ver F/Nazca (2010).[6]

Figura 5. **Percentual de internautas que utilizam a internet para reclamar direitos.**

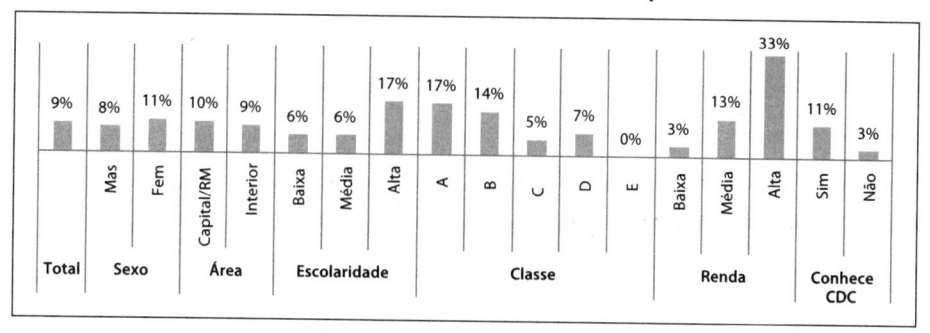

Total	Sexo		Área		Escolaridade			Classe					Renda			Conhece CDC	
	Mas	Fem	Capital/RM	Interior	Baixa	Média	Alta	A	B	C	D	E	Baixa	Média	Alta	Sim	Não
9%	8%	11%	10%	9%	6%	6%	17%	17%	14%	5%	7%	0%	3%	13%	33%	11%	3%

Base: 506 entrevistados (usuários de internet).

Em nossa pesquisa, 9% dos internautas declararam que utilizam a rede como meio para reclamar seus direitos de consumidor por meio de sites ou redes sociais. Esse percentual aumenta para 17% se considerarmos apenas os internautas de alta escolaridade, e 33% se considerarmos somente os de alta renda.

1.2 Percepções sobre o respeito aos direitos do consumidor

Enquanto há motivos para comemoração quanto ao conhecimento do CDC, no que se refere à percepção dos brasileiros acerca do respeito ao Código e aos seus direitos de consumidor, os motivos são para preocupação.

Ponto negativo para as empresas é que o consumidor brasileiro sente, de maneira geral, que é mal informado no tocante às características dos produtos e serviços que consome, estando, assim, em geral, insatisfeito com as empresas. Os consumidores de menor renda e menor escolaridade são os que se sentem mais mal informados.

Figura 6. **Grau de informação declarada pelos entrevistados relativamente à informação que recebem sobre características de produtos e serviços.**

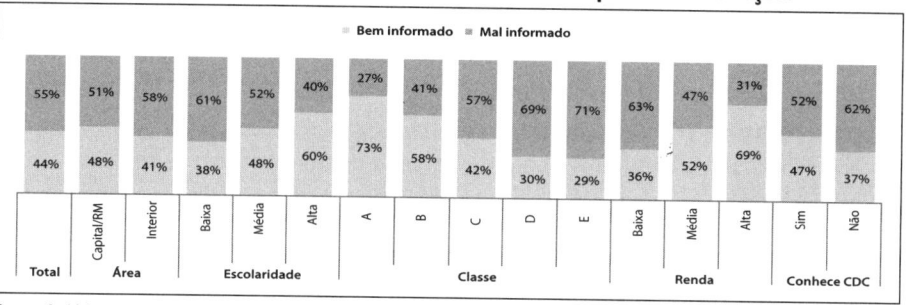

Total	Área		Escolaridade			Classe					Renda			Conhece CDC	
	Capital/RM	Interior	Baixa	Média	Alta	A	B	C	D	E	Baixa	Média	Alta	Sim	Não
Bem informado: 44%	48%	41%	38%	48%	60%	73%	58%	42%	30%	29%	36%	52%	69%	47%	37%
Mal informado: 55%	51%	58%	61%	52%	40%	27%	41%	57%	69%	71%	63%	47%	31%	52%	62%

Base: 1.400 entrevistados.

5. Disponível em: <http://www.cetic.br/usuarios/tic/2010/analises.htm>. Acesso em: 8 jul. 2011.
6. Disponível em: <http://www.fnazca.com.br/wp-content/uploads/2010/11/fradar-7.pdf>. Acesso em: 8 jul. 2011.

No que se refere ao respeito que as empresas têm para com os direitos do consumidor, a maioria dos entrevistados sustenta que seus direitos são pouco ou nada respeitados – e apenas 35% afirmam que acreditam que seus direitos de consumidor estão sendo respeitados. A mesma percepção de desrespeito se repete relativamente aos demais direitos – exceção são as pessoas de maior renda e de mais elevada classe social, para as quais o desrespeito concernente aos direitos do consumidor é maior do que relativamente aos seus demais direitos.

Figura 7. **Percentual de entrevistados que declararam que sentem que direitos são muito ou razoavelmente respeitados.**

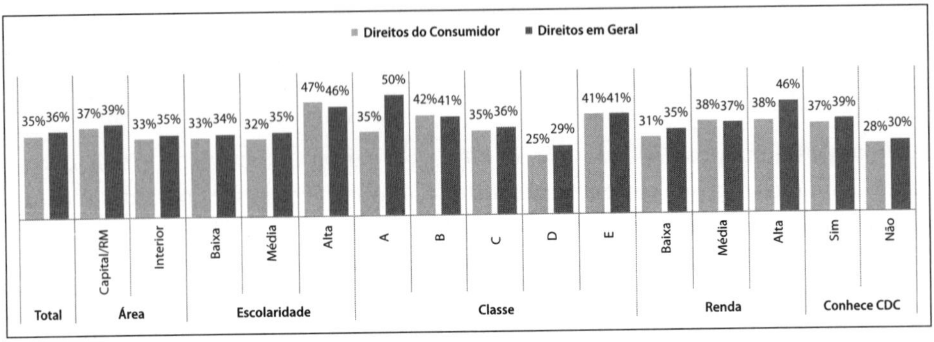

Base: 1.400 entrevistados.

Perguntamos aos entrevistados qual a primeira marca ou empresa que associavam no tocante aos direitos do consumidor, e repetimos a mesma pergunta quanto ao desrespeito a esses direitos. Em termos de marcas e empresas, as menções foram bastante variadas, mas a percepção do desempenho das empresas se diferencia de acordo com o setor, sendo possível reuni-las em segmentos.

Os segmentos de alimentação e bebidas são identificados como os que mais respeitam os direitos do consumidor. Já as empresas concessionárias de serviços públicos essenciais são identificadas como as que mais desrespeitam. O consumidor identifica que nas áreas em que a concorrência é maior o respeito aos direitos do consumidor também é maior. Por outro lado, onde a concorrência é mínima ou inexistente, há maior desrespeito (serviços essenciais – luz, água, esgoto etc. – e telecomunicações, por exemplo).

Na Tabela 1 apresentamos os setores citados como os que mais respeitam e os que desrespeitam os direitos do consumidor, assim como a diferença entre eles.

Tabela 1. *Top of mind* – **setores que mais respeitam e mais desrespeitam direitos do consumidor**

Setor	Que mais respeita	Que mais desrespeita	Saldo (diferença entre respeito x desrespeito)
Alimentos/bebidas	14%	3%	11%
Supermercados	10%	4%	6%
Produtos em geral	7%	3%	4%
Eletrodomésticos e eletrônicos	7%	4%	3%
Roupas e calçados	1%	2%	0%
Transporte	1%	2%	-1%
Saúde	1%	2%	-1%
Serviços	1%	2%	-1%
Bancos e cartão de crédito	1%	3%	-2%
Varejo	5%	7%	-2%
Telecomunicações	2%	7%	-5%
Serviços essenciais	2%	16%	-14%
Outros setores	12%	6%	–
Nenhum	12%	14%	–
Não sabe	24%	25%	–

Base: 1.400 entrevistados

Figura 8. ***Top of mind* do respeito e desrespeito aos direitos do consumidor (*saldo*).**

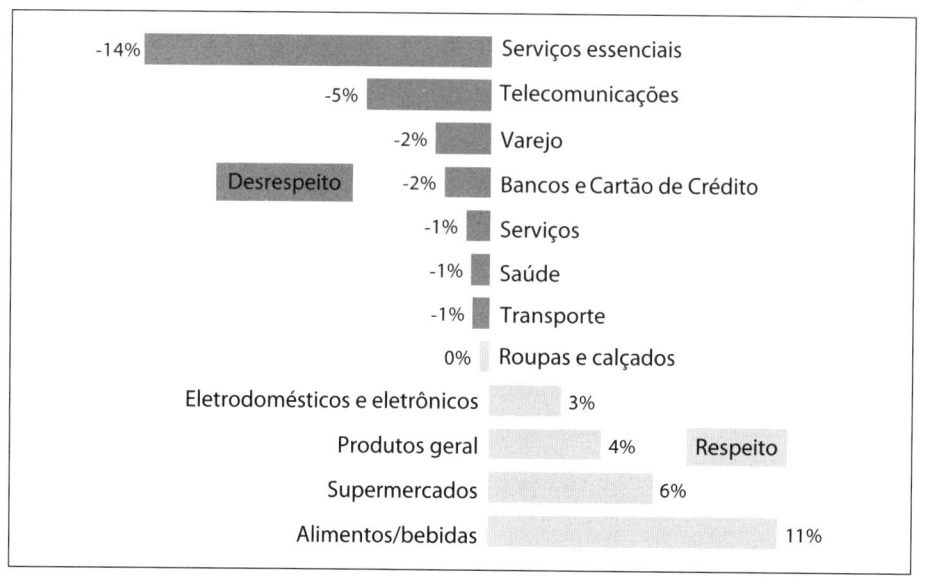

-14%	Serviços essenciais
-5%	Telecomunicações
-2%	Varejo
-2%	Bancos e Cartão de Crédito
-1%	Serviços
-1%	Saúde
-1%	Transporte
0%	Roupas e calçados
3%	Eletrodomésticos e eletrônicos
4%	Produtos geral
6%	Supermercados
11%	Alimentos/bebidas

Base: 1.400 entrevistados.

Além de se sentirem mal informados e desrespeitados, os consumidores também se veem desamparados. Ao serem perguntados sobre o quão protegidos pela legislação brasileira acreditam que estejam em suas relações de consumo, a maioria declarou que está pouco ou nada protegida. Os consumidores de menor renda e menor escolaridade são os que se sentem mais desprotegidos. Não podemos ignorar aqui o amplo desconhecimento dos brasileiros sobre o conteúdo do Código e seus direitos. Assim, uma vez que pouco conhecem a legislação, pouco sabem sobre a proteção existente ou não. E tal desconhecimento acaba por gerar a sensação de desamparo.

Figura 9. **Percepção dos entrevistados quanto ao grau de proteção dado pela legislação em suas relações de consumo.**

	Total	Escolaridade			Classe					Renda			Conhece CDC	
		Baixa	Média	Alta	A	B	C	D	E	Baixa	Média	Alta	Sim	Não
Muito/Razoavelmente protegido	33%	30%	33%	48%	46%	41%	33%	24%	18%	29%	37%	54%	39%	19%
Pouco/Nada protegido	63%	64%	65%	51%	54%	57%	62%	70%	71%	65%	61%	46%	60%	70%

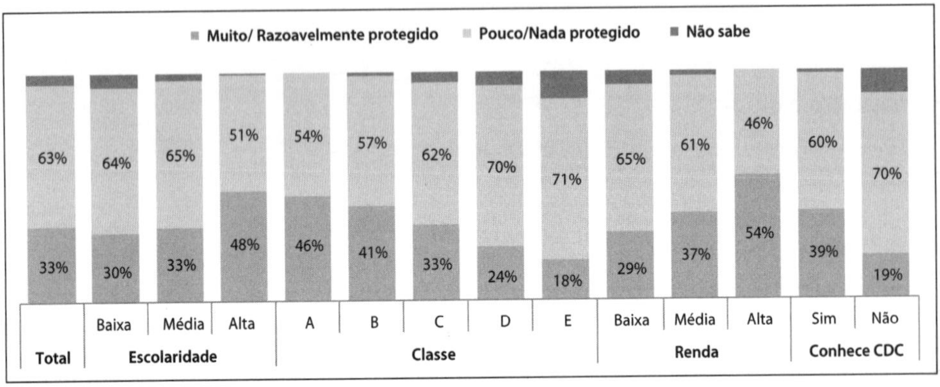

Base: 1.400 entrevistados.

E a quem caberia cuidar para que esse desamparo seja minimizado e os direitos do consumidor, respeitados? Para a maioria dos brasileiros, independentemente de escolaridade, renda ou classe social, o principal responsável por cuidar e garantir com que os direitos sejam respeitados é o Estado. Essa expectativa relativa ao papel do Estado remonta mesmo ao processo de formação do Estado e da sociedade brasileiros. José Murilo de Carvalho (1987) alude a "estatania", referindo-se à construção da nossa "cidadania" de cima para baixo, com o Estado tecendo relações clientelísticas com a população, incorporando-a via cessão de direitos sociais. Werneck Vianna et al. (1999) fazem menção a "estatalização da cidadania", uma vez que o processo de construção e modernização do Estado e da sociedade brasileiros resultou de um esforço liderado pelo próprio Estado.

No que se refere especificamente aos direitos do consumidor, a tendência de construção e proteção desses direitos no Brasil se deu via poder público, com o Estado assumindo primordialmente a dianteira do processo. Já nos Estados Unidos e Europa, por exemplo, havia uma grande pressão e um forte papel desempenhado por movimentos sociais, o que não ocorreu aqui.

Figura 10. **Principal responsável por cuidar do respeito aos direitos do consumidor.**

	O Estado	O mercado	O consumidor	Não sabe
Total	54%	22%	19%	
Escolaridade Baixa	52%	21%	18%	
Escolaridade Média	55%	23%	20%	
Escolaridade Alta	56%	20%	23%	
Renda Baixa	54%	22%	17%	
Renda Média	55%	21%	21%	
Renda Alta	85%		15%	
Conhece CDC Sim	55%	22%	18%	
Conhece CDC Não	50%	20%	21%	

Base: 1.400 entrevistados.

Segundo Pajoli (1994),

> [...] o que mais caracteriza a evolução da proteção do consumidor no Brasil e talvez a diferencie da ocorrida em outros países é a predominância das atividades de órgãos e entidades de caráter público, bem como a baixa conscientização da população a respeito de seus direitos. A repressão política, a presença de oligopólios na economia e os baixos níveis de educação da população contribuíram para uma situação na qual se vê a existência de um complexo aparato legal para a proteção e defesa do consumidor sem praticamente ter existido consumerismo enquanto movimento social no Brasil (1994, p. 2).

No entanto, apesar de o cenário atual não ser tão positivo, em uma perspectiva comparada aos últimos cinco anos, 36% dos brasileiros acreditam que houve alguma melhora quanto ao respeito aos direitos do consumidor no Brasil, percentual muito mais expressivo do que os 11% que acreditam em uma piora do cenário. E para 47% dos entrevistados, não houve mudança significativa.

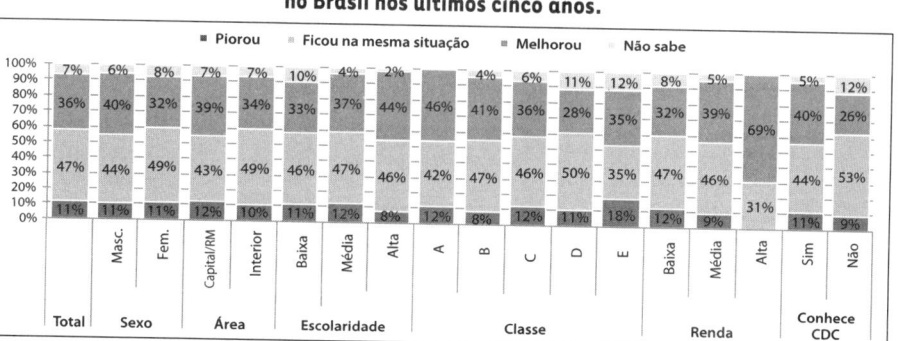

Figura 11. **Opinião sobre o respeito aos direitos do consumidor no Brasil nos últimos cinco anos.**

	Piorou	Ficou na mesma situação	Melhorou	Não sabe
Total	11%	47%	36%	7%
Sexo Masc.	11%	44%	40%	6%
Sexo Fem.	11%	49%	32%	8%
Área Capital/RM	12%	43%	39%	7%
Área Interior	10%	49%	34%	7%
Escolaridade Baixa	11%	46%	33%	10%
Escolaridade Média	12%	47%	37%	4%
Escolaridade Alta	8%	46%	44%	2%
Classe A	12%	42%	46%	4%
Classe B	8%	47%	41%	6%
Classe C	12%	46%	36%	11%
Classe D	11%	50%	28%	12%
Classe E	18%	35%	35%	8%
Renda Baixa	12%	47%	32%	5%
Renda Média	9%	46%	39%	—
Renda Alta	31%	—	69%	—
Conhece CDC Sim	11%	44%	40%	5%
Conhece CDC Não	9%	53%	26%	12%

Base: 1.400 entrevistados.

Os brasileiros de renda e escolaridade altas são os mais otimistas quanto aos avanços da proteção aos direitos do consumidor no Brasil nos últimos cinco anos, assim como os brasileiros que conhecem o CDC.

1.3 Práticas de prevenção

Quando se trata de práticas de prevenção, notamos que o brasileiro só é mais cuidadoso quando o assunto é alimentação – e ainda assim pouco mais da metade deles (55%) afirma que verifica a data de validade dos alimentos e produtos perecíveis ao comprá-los. Dentre estes, as mulheres e os consumidores de escolaridade e renda mais altas são os mais "precavidos".

Figura 12. **Frequência com que brasileiros adotam comportamento preventivo no momento de consumir.**

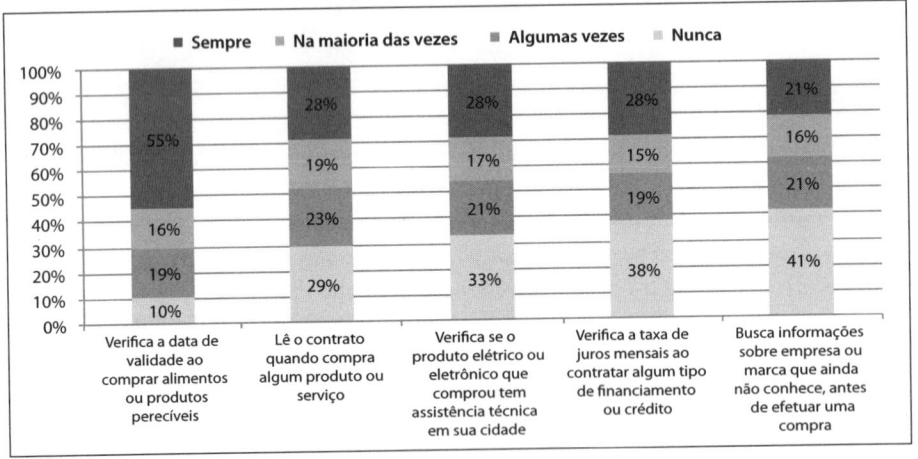

	Sempre	Na maioria das vezes	Algumas vezes	Nunca
Verifica a data de validade ao comprar alimentos ou produtos perecíveis	55%	16%	19%	10%
Lê o contrato quando compra algum produto ou serviço	28%	19%	23%	29%
Verifica se o produto elétrico ou eletrônico que comprou tem assistência técnica em sua cidade	28%	17%	21%	33%
Verifica a taxa de juros mensais ao contratar algum tipo de financiamento ou crédito	28%	15%	19%	38%
Busca informações sobre empresa ou marca que ainda não conhece, antes de efetuar uma compra	21%	16%	21%	41%

Base: 1.400 entrevistados.

No tocante a outros cuidados comuns, como a leitura de contratos, a verificação da taxa de juros mensais, a busca por informações sobre assistência técnica e informações sobre a empresa ou marca que o consumidor ainda não conhece para averiguar idoneidade, ainda são muito pouco praticados.

Tabela 2. **Percentual que declarou que sempre adota comportamento preventivo no momento de consumir.**

% que declarou que sempre...	Sexo		Escolaridade			Renda			Classe					Conhece CDC	
	Masc.	Fem.	Baixa	Média	Alta	Baixa	Média	Alta	A	B	C	D	E	Sim	Não
Verifica a data de validade ao comprar alimentos/produtos perecíveis	46%	62%	49%	59%	66%	50%	59%	69%	81%	64%	54%	44%	24%	56%	50%
Lê o contrato quando compra algum produto/serviço	27%	29%	22%	30%	48%	22%	35%	69%	58%	40%	26%	19%	6%	31%	23%

% que declarou que sempre...	Sexo		Escolaridade			Renda			Classe					Conhece CDC	
	Masc.	Fem.	Baixa	Média	Alta	Baixa	Média	Alta	A	B	C	D	E	Sim	Não
Verifica se produto elétrico/eletrônico oferece assistência técnica em sua cidade	28%	29%	23%	32%	42%	22%	33%	62%	62%	38%	27%	19%	12%	31%	21%
Verifica taxa de juros mensais ao contratar financiamento/crédito	28%	29%	21%	32%	49%	21%	36%	69%	69%	41%	28%	13%	6%	32%	20%
Busca informações sobre empresa/marca antes de efetuar uma compra	21%	22%	16%	24%	38%	16%	26%	54%	50%	30%	20%	14%		24%	16%

Base: 1.400 entrevistados

Considerando esses cinco hábitos de precaução, construímos um indicador de prevenção, somando todas as repostas e dividindo pelo total de perguntas, e obtivemos o indicador de prevenção que varia de 0 (consumidor nada precavido, que não costuma adotar nenhuma das medidas de prevenção consideradas) a 3 (consumidor totalmente precavido, que costuma tomar todas as medidas de prevenção consideradas). A média do brasileiro é 1,5, ou seja, ainda há muito que aprender em matéria de prevenção.

Figura 13. **Média Indicador de Prevenção.**

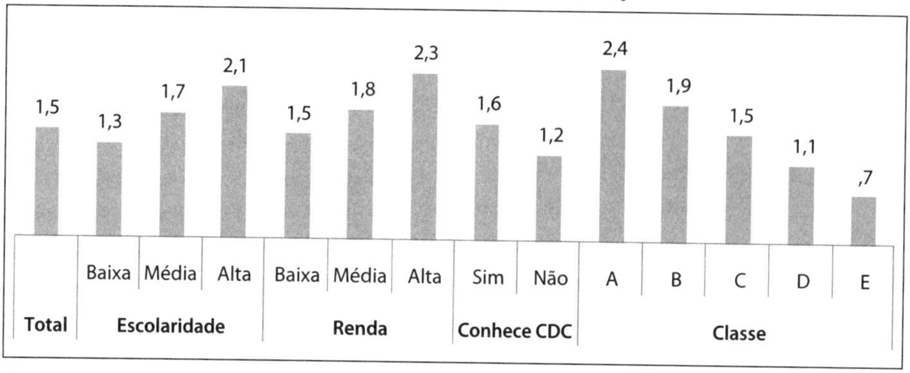

Total	Escolaridade			Renda			Conhece CDC		Classe				
	Baixa	Média	Alta	Baixa	Média	Alta	Sim	Não	A	B	C	D	E
1,5	1,3	1,7	2,1	1,5	1,8	2,3	1,6	1,2	2,4	1,9	1,5	1,1	,7

Base: 1.400 entrevistados.

A partir dos dados da Tabela 3 é possível verificar que escolaridade, classe social e renda estão moderadamente correlacionadas com a prática de comportamentos de prevenção no momento do consumo. Ou seja, quanto maiores a escolaridade, a classe social e a renda, maior é a probabilidade de o consumidor adotar esses cuidados.

Tabela 3. **Correlação entre indicador de prevenção e renda, escolaridade e classe social dos entrevistados.**

Variável	Coeficiente Pearson
Escolaridade	0,334**
Classe Social	0,320**
Renda	0,268**

** Correlação é significativa ao nível de 0,01 (2-tailed)

Perguntamos também aos entrevistados que fontes de informação eles utilizam para escolherem e decidirem sobre a compra de um produto ou contratação de um serviço. A principal fonte é família, amigos e conhecidos. Na sequência aparecem os próprios vendedores, e em terceiro lugar, os meios de comunicação (TV, informes publicitários, revistas e jornais).

Figura 14. **Principais fontes de informação que entrevistados utilizam para decidir sobre a compra de produtos ou serviços.**

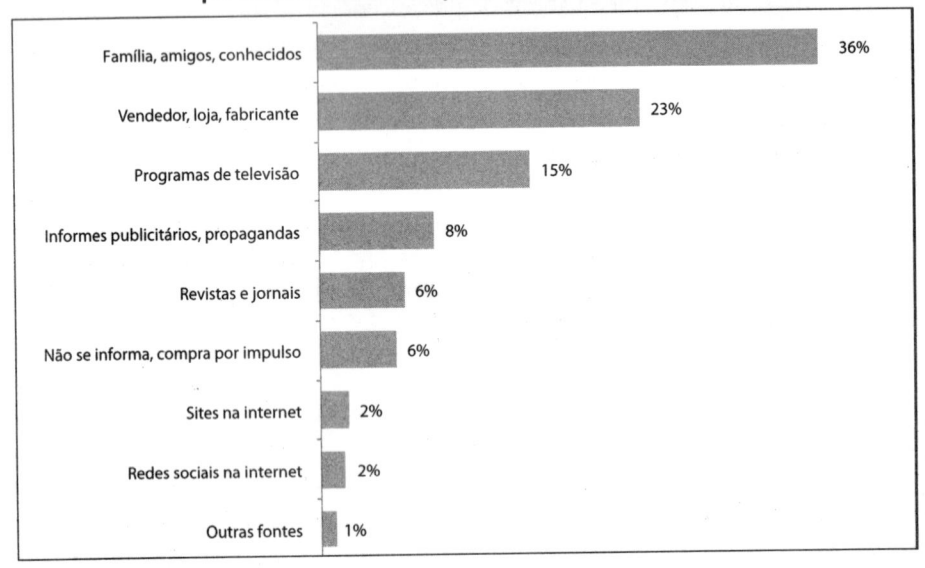

Fonte	%
Família, amigos, conhecidos	36%
Vendedor, loja, fabricante	23%
Programas de televisão	15%
Informes publicitários, propagandas	8%
Revistas e jornais	6%
Não se informa, compra por impulso	6%
Sites na internet	2%
Redes sociais na internet	2%
Outras fontes	1%

Base: 1.400 entrevistados.

anotam junto ao cartão a senha salta para 19% entre os entrevistados de classe D. Aos que possuíam cartão de débito e/ou crédito (59% dos entrevistados) perguntamos sobre o cuidado com a segurança da senha do cartão – principal precaução que o consumidor pode adotar. De maneira geral, o brasileiro é bastante cuidadoso em matéria de segurança do cartão, com a maioria declarando que memoriza a senha (79%) ou anota em local seguro, não deixando com o cartão (14%). No entanto, ainda há 6% dos entrevistados que deixam a senha anotada junto ao cartão. Essas pessoas são, sobretudo, de menor renda e classe social mais baixa – o percentual dos que anotam junto ao cartão a senha salta para 19% entre os entrevistados da classe D.

Tabela 4. **Local em que entrevistados declararam deixar anotada senha do cartão (débito e/ou crédito).**

		Sexo		Escolaridade			Renda			Classe					Conhece CDC	
	Total	Masc.	Fem.	Baixa	Média	Alta	Baixa	Média	Alta	A	B	C	D	E	Sim	Não
Decora/ memoriza	79%	83%	76%	69%	84%	94%	70%	85%	85%	91%	89%	79%	52%	67%	82%	70%
Anota em local seguro	14%	13%	15%	21%	10%	5%	18%	11%	15%	9%	9%	14%	27%	33%	13%	18%
Deixa junto com cartão	6%	4%	7%	9%	3%	1%	12%	2%			1%	6%	19%		4%	11%
Outro	1%	0%	2%	1%	2%		1%	1%		2%	1%	1%			1%	1%
Não respondeu	0%	0%		0%			0%					0%				1%

Base: 822 entrevistados – possuem cartão de débito e/ou crédito

Apesar de zelarem pela segurança da senha, há um sentimento disseminado de baixa proteção contra o uso indevido do cartão. Perguntamos aos entrevistados o quanto acreditavam estar protegidos contra a possibilidade de fraude, clonagem ou roubo de senha, e a maioria dos usuários, independentemente de classe ou escolaridade, declarou sentir-se pouco ou nada protegida – apenas os usuários de renda alta sentem-se um pouco mais protegidos.

Tabela 5. **Quão protegidos sentem que estão contra o uso indevido do cartão.**

		Sexo		Escolaridade			Renda			Classe					Conhece CDC	
	Total	Masc.	Fem.	Baixa	Média	Alta	Baixa	Média	Alta	A	B	C	D	E	Sim	Não
Muito/ Razoavelmente	41%	40%	41%	39%	42%	42%	36%	43%	54%	50%	48%	37%	38%	-	43%	33%
Pouco/Nada	58%	58%	57%	58%	57%	57%	62%	55%	46%	50%	50%	61%	60%	100%	56%	65%

Apesar do sentimento de insegurança quanto ao uso do cartão (risco de fraudes), o relato de episódio de tais problemas é pequeno – apenas 3% dos usuários de cartão já tiveram algum problema de uso indevido.

1.4 Vivência de conflitos e exercício dos direitos

Constatado que há um vasto conhecimento do Código, mas uma escassa informação do seu conteúdo, não surpreende verificar que a maioria dos brasileiros nunca ou pouco reclama seus direitos – apenas 38% têm o hábito de reclamar quando têm algum direito desrespeitado.

De acordo com Marcos Pó (2008), o consumidor se preocupou principalmente com questões relativas aos preços dos produtos e serviços até a década de 1980, mas, a partir do advento dos Procons e do CDC em 1990, o consumidor passou a ter formas de canalizar suas demandas e tomar ações contra fornecedores. Nas palavras do autor, nos anos de 1980 e 1990, "surgem canais e ferramentas para o consumidor agir, o que faz com que as empresas se preocupem mais em respeitar os consumidores" (2008, p. 9). Outro aspecto positivo na visão de Pó são as privatizações, pois "as relações confusas de consumo com as empresas estatais, que inibiam a ação de órgãos como os Procons, mudam. Surgem leis e agências específicas para regular os setores" (2008, p. 9). Ou seja, há caminhos e mecanismos para a busca da garantia do respeito e da defesa dos direitos do consumidor.

Entretanto, o que vemos com os dados da nossa pesquisa é que, passadas duas décadas da chegada do CDC, os consumidores ainda reclamam muito pouco seus direitos.

Figura 15. **O quanto entrevistados declaram que costumam reclamar seus direitos quando enfrentam problemas ou não ficam satisfeitos com um produto ou serviço adquirido.**

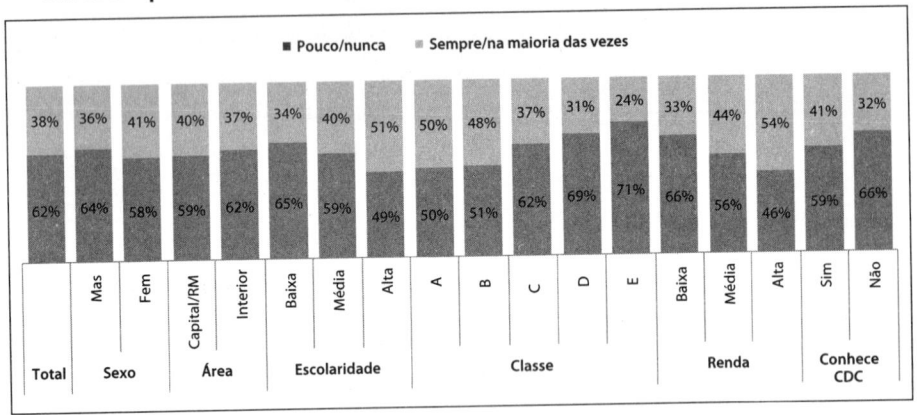

	Pouco/nunca	Sempre/na maioria das vezes
Total	38%	62%
Sexo - Mas	36%	64%
Sexo - Fem	41%	58%
Área - Capital/RM	40%	59%
Área - Interior	37%	62%
Escolaridade - Baixa	34%	65%
Escolaridade - Média	40%	59%
Escolaridade - Alta	51%	49%
Classe - A	50%	50%
Classe - B	48%	51%
Classe - C	37%	62%
Classe - D	31%	69%
Classe - E	24%	71%
Renda - Baixa	33%	66%
Renda - Média	44%	56%
Renda - Alta	54%	46%
Conhece CDC - Sim	41%	59%
Conhece CDC - Não	32%	66%

Base: 1.400 entrevistados.

Notamos alguma diferença no hábito de reclamar e exercer seus direitos de consumidor quando comparamos a renda, a classe e a escolaridade dos entrevistados – os brasileiros de maior escolaridade, renda e de classe social mais alta são os que mais exercem seu direito de reclamar.

E o que diferencia o brasileiro que reclama do que não reclama? Para responder a essa questão recorremos à utilização da técnica de regressão logística, a qual nos possibilita determinar o efeito de um conjunto de variáveis na probabilidade de ocorrência de um evento. No caso, o evento que nos interessa é o consumidor reclamar quando enfrenta um problema ou não fica satisfeito em uma relação de consumo. A regressão permite demonstrar os principais fatores que explicam o comportamento do consumidor que declara que reclama sempre ou na maioria das vezes, em comparação ao que declara que não reclama nunca ou reclama pouco.

Aqui privilegiamos um modelo simples, considerando variáveis socioeconômicas e demográficas (gênero, idade, escolaridade, renda) e variáveis de familiaridade com os direitos do consumidor (já consultou o código, conhece instituição de defesa dos direitos do consumidor) para explicar o comportamento de reclamar direitos.

Os coeficientes da regressão (B) mostram a mudança no logaritmo das chances preditas de o evento ocorrer – no caso, o consumidor reclamar – para cada mudança de uma unidade na variável independente. As chances de o evento ocorrer são obtidas a partir do exponencial do coeficiente B, o Exp(B). Interpretamos esses resultados da seguinte maneira: quando o valor é igual a 1, não há efeito; quando o valor é maior do que 1, aumentam-se as chances de o evento ocorrer, e se o valor é menor do que 1, diminuem-se as chances. Portanto, quanto mais distante de 1 for o valor do Exp(B), mais intensa será a influência da variável em questão nas chances de ocorrência do evento.

Tabela 6. **Resultados do modelo de regressão logística, considerando como alvo se o consumidor costuma reclamar (sempre + na maioria das vezes).**

	Coeficiente (B)	Exp(B)
Gênero (feminino)	0,648**	1,913
Escolaridade	0,547**	1,728
Já consultou Código	0,827*	2,286
Conhece instituição de defesa do consumidor	0,602*	1,826
Renda familiar	0,000	1,000
Idade	0,004	1,004
Constante	-2,364**	0,094

** significativo ao nível de 0,01 * significativo ao nível 0,05
Nagelkerke R^2= ,102

Os resultados indicam que, nesse modelo, os principais preditores são gênero e escolaridade, ou seja, mulheres e pessoas de escolaridade mais alta têm maiores chances de reclamar quando enfrentam problemas em suas relações de consumo, se comparadas aos homens e pessoas de baixa escolaridade.

As duas variáveis de conhecimento dos direitos de consumidor também influenciam o comportamento de reclamar, sendo as chances de pessoas que conhecem o conteúdo do CDC (ou seja, já consultaram o código) e de aquelas que conhecem instituições ou organizações de proteção ou defesa do consumidor reclamarem maiores do que as chances de pessoas que não conhecem o Código nem as organizações.

A renda, quando controlada por estes outros fatores, não se mostra significativa na explicação desse tipo de comportamento.

Entretanto, apesar de a escolaridade, gênero, uso do CDC e conhecimento das instituições serem fatores que diferenciam os consumidores, eles esclarecem muito pouco a variabilidade desse comportamento. Com esse modelo, conseguimos explicar cerca de 10% da variabilidade do evento (Nagelkerke R^2= ,102), o que indica que há muitos outros fatores envolvidos na prática de reclamar. Ou seja, há uma miscelânea de fatores subjetivos que justificam por que algumas pessoas vão atrás dos seus direitos de consumidor e outras, não. Muitas vezes o consumidor se vale do raciocínio da relação custo x benefício, comparando o prejuízo de não reclamar com o ganho esperado, se reclamar. Assim, reclama-se com maior frequência no caso de questões que pesam mais financeiramente. Há também situações de interesse e oportunidade, e outros fatores de difícil mensuração.

Para tentar apreender um pouco mais sobre os fatores que elucidam o comportamento daqueles que não reclamam, perguntamos aos entrevistados que declararam que não costumam reclamar quando enfrentam problemas em suas relações de consumo o porquê desse comportamento. O tipo de resposta mais frequente foi: não reclamam porque não compensa. Na sequência, aparece a questão do tempo que se gasta para reclamar e do retorno obtido, o argumento de que "demoraria muito". Juntas estas duas respostas indicam um grande descrédito tanto nas empresas quanto nas instituições e organizações destinadas à resolução de conflitos de consumo (agências reguladoras, Procon e, principalmente, o Judiciário).

Figura 16. **Motivo alegado pelos entrevistados para não reclamarem seus direitos de consumidor.**

Base: 854 entrevistados (que declararam que nunca ou raramente reclamam).

No entanto, há um percentual significativo de pessoas que afirmam não saber ou ter vergonha de reclamar, o que também aponta para a necessidade de uma ação de educação para o consumo. As pessoas que não sabem reclamar são em sua maioria de escolaridade, renda e classe social mais baixas, e que não conhecem o CDC. Os que alegam vergonha seguem esse mesmo perfil.

Tabela 7. **Motivo alegado pelos entrevistados para não reclamarem seus direitos de consumidor.**

	Escolaridade			Classe					Renda			Conhece CDC	
	Total	Baixa	Média	Alta	A	B	C	D	E	Baixa	Média	Alta	Sim	Não
Acha que não compensa	37%	38%	37%	35%	38%	38%	38%	36%	33%	35%	40%	33%	39%	34%
Demoraria muito	31%	24%	38%	47%	46%	40%	31%	21%	33%	28%	33%	67%	35%	21%
Não sabe como reclamar	14%	18%	9%	6%	8%	9%	13%	22%	8%	17%	11%	-	11%	22%
Tem vergonha	8%	10%	6%	4%	-	3%	8%	11%	8%	10%	5%	-	6%	12%
Não teve necessidade	3%	4%	3%	1%	-	4%	3%	3%	-	3%	4%	-	4%	2%
Outros motivos	2%	2%	2%	3%	8%	1%	2%	2%	8%	2%	2%	-	2%	2%
Não sabe/ não respondeu	5%	5%	5%	2%	-	6%	4%	6%	8%	4%	5%	-	4%	7%

Base: 854 entrevistados (que declararam que nunca ou raramente reclamam).

Exploramos também junto aos entrevistados a vivência de conflitos de consumo recentes, considerando os últimos 12 meses de referência da pesquisa (ou seja, os meses de fevereiro de 2010 a janeiro de 2011), e 26% deles declararam que passaram por alguma situação de desrespeito aos seus direitos de consumidor nesse período. Em média, relataram duas situações de conflito. Quanto mais altas a renda e a escolaridade, maior a tendência de declarar ter vivenciado situação de desrespeito aos direitos de consumidor, assim como é maior entre os que conhecem o CDC, o que sugere que essas características determinam a percepção de vivência de desrespeito. Se o consumidor conhece pouco ou não conhece seus direitos tem mais dificuldades de perceber uma situação de conflito e desrespeito em suas relações de consumo.

Figura 17. **Percentual de entrevistados que passaram por alguma situação de desrespeito aos direitos do consumidor nos últimos 12 meses.**

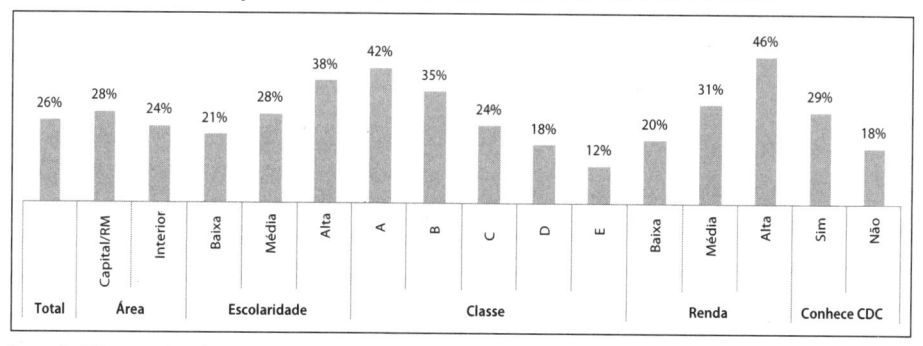

	Total	Área		Escolaridade			Classe					Renda			Conhece CDC	
		Capital/RM	Interior	Baixa	Média	Alta	A	B	C	D	E	Baixa	Média	Alta	Sim	Não
	26%	28%	24%	21%	28%	38%	42%	35%	24%	18%	12%	20%	31%	46%	29%	18%

Base: 1.400 entrevistados.

É interessante comparar os resultados da nossa pesquisa com duas outras de âmbito nacional. A primeira delas, a PNAD 2009,[7] que trouxe nessa edição um suplemento sobre vitimização e justiça. No questionário era perguntado ao respondente se ele havia passado por algum conflito sério nos últimos cinco anos, e, em caso afirmativo, que tipo de conflito foi esse.

Em primeiro lugar, aparecem os conflitos trabalhistas (23,3%); em segundo lugar, os de família (22,0%). Em terceiro lugar estão os criminais (12,6%); em quarto lugar aparecem os conflitos referentes a serviços essenciais, como telefonia, água e luz (9,7%); questões previdenciárias vêm em quinto lugar (8,6%); em sexto lugar, conflitos com bancos e o setor financeiro (7,4%) – demais tipos de conflito, como moradia, imposto de renda etc., somam 16,4%, ou seja, somando os dois principais tipos de conflitos de consumo que apareceram na pesquisa da PNAD temos 17,1% dos brasileiros que vivenciaram conflitos sérios nos últimos cinco anos, relatando conflitos na área do direito do consumidor.

Uma diferença importante entre a PNAD e nossa pesquisa é que a primeira aborda a situação de conflito mais grave que pessoa teve nos últimos cinco anos, e a segunda compreende qualquer situação nos últimos 12 meses em que algum de seus direitos de consumidor tenha sido desrespeitado. Como referimos a qualquer conflito, e não em conflitos graves, daí nosso percentual de ocorrência ser maior.

Outra pesquisa de âmbito nacional que trata da vivência de conflitos é o Índice de Confiança na Justiça (ICJ), sob coordenação de Luciana Gross Cunha (ver Cunha et al., 2011). A pesquisa aborda, além da percepção geral da população sobre o Poder Judiciário, sua experiência com a justiça e os motivos que levaram os entrevistados a utilizar os serviços da justiça. A pesquisa indica que a maioria destes que já utilizou o Poder Judiciário o fez por conta de questões trabalhistas (29%), depois por questões de família (25%), e em terceiro lugar aparecem questões de consumo (com 21% das menções). O estudo traz ainda informações sobre a vivência de conflitos específicos, e no âmbito de consumo a questão explorada é a de recebimento de cobrança indevida – 21% do total da população entrevistada relatou já ter recebido cobrança indevida, e, desses que receberam, 41% declarou ter buscado a justiça para solucionar o problema.

Em nossa pesquisa, no tocante ao tipo de situação que os consumidores vivenciaram, notamos que as principais situações se referem a telecomunicações, principalmente cobrança indevida, e a produtos eletroeletrônicos (defeito). Também são relevantes os problemas com alimentação, setor elétrico (fornecimento de energia) e serviços financeiros.

---

7. PNAD (2009). Suplemento de Vitimização e Justiça. Disponível em: <http://www.ibge.gov.br/home/estatistica/populacao/vitimizacao_acesso_justica_2009/default.shtm>. Acesso em: 8 jul. 2011.

Figura 18a. **Área de conflito. Base: 364 entrevistados.**

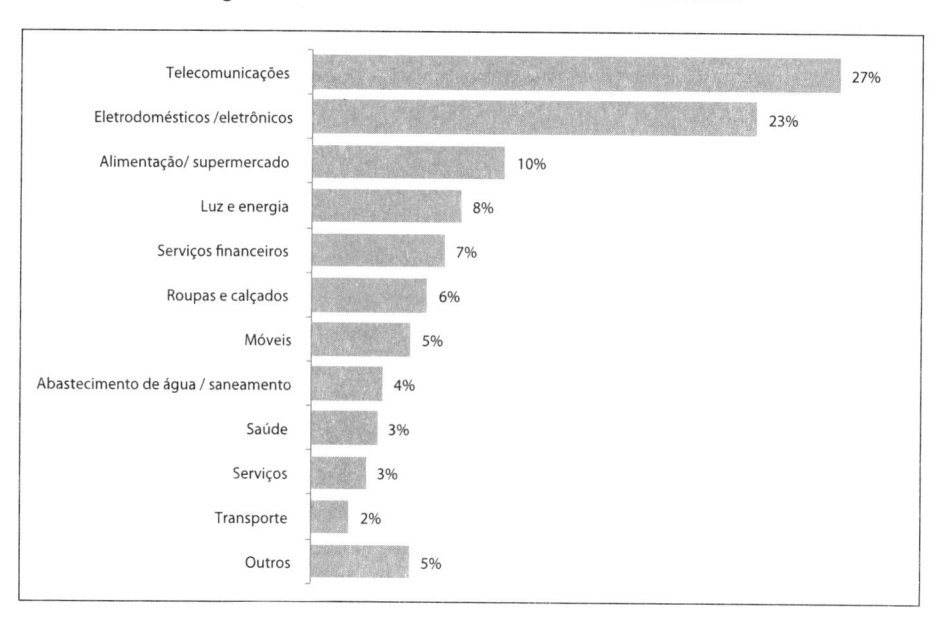

Categoria	%
Telecomunicações	27%
Eletrodomésticos /eletrônicos	23%
Alimentação/ supermercado	10%
Luz e energia	8%
Serviços financeiros	7%
Roupas e calçados	6%
Móveis	5%
Abastecimento de água / saneamento	4%
Saúde	3%
Serviços	3%
Transporte	2%
Outros	5%

Figura 18b. **Tipo de problema. Base: 364 entrevistados.**

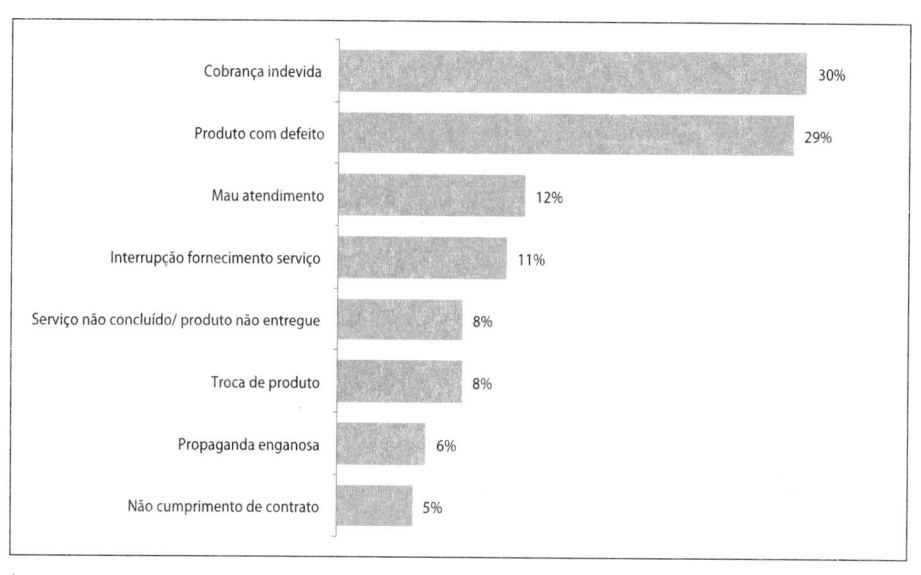

Categoria	%
Cobrança indevida	30%
Produto com defeito	29%
Mau atendimento	12%
Interrupção fornecimento serviço	11%
Serviço não concluído/ produto não entregue	8%
Troca de produto	8%
Propaganda enganosa	6%
Não cumprimento de contrato	5%

(que vivenciaram situação de desrespeito aos direitos do consumidor nos últimos 12 meses)

As principais reclamações quando se trata de alimentação são produto avariado e mau atendimento. No tocante ao setor elétrico e aos serviços financeiros, os problemas mais recorrentes são a cobrança indevida e a interrupção do serviço.

Tabela 8. **Tipos de problemas mais citados, de acordo com a área de conflito**

Tipo de problema	Área de conflito							
	Telecomunicações	Serviços financeiros	Eletrodomésticos /eletrônicos	Alimentação/ supermercado	Saúde	Luz e energia	Transporte	Serviços
Cobrança indevida	53%	74%	4%	3%	8%	58%	17%	33%
Interrupção fornecimento serviço	19%	13%	1%	3%	-	27%	-	-
Serviço não concluído	11%	-	9%	-	8%	4%	-	22%
Propaganda enganosa	8%	-	1%	6%	-	-	-	22%
Não cumprimento de contrato	5%	4%	3%	-	8%	-	-	11%
Informação sobre preço	1%	-	-	-	-	-	-	-
Mau atendimento	1%	9%	6%	15%	67%	4%	83%	-
Produto com defeito/ avariado	-	-	68%	68%	-	4%	-	-
Troca de produto	-	-	8%	6%	-	-	-	-

Base: 364 entrevistados (que vivenciaram situação de desrespeito aos direitos do consumidor nos últimos 12 meses)

Comparando os dados da pesquisa com as listas oficiais do Procon (Sindec – Ranking dos Fornecedores Mais Reclamados no Cadastro Nacional de Reclamações Fundamentadas em 2009)[8] e do Tribunal de Justiça do Rio de Janeiro (Fornecedores de Produtos e Serviços mais Acionados – em Sede de Varas Cíveis – junho de 2010 a junho de 2011),[9] observamos que há grande proximidade das áreas em que os consumidores mais se sentem desrespeitados com as áreas em que eles reclamam e judicializam os conflitos.

Um fato que chama atenção é o grande volume de questões judicializadas na área de bancos – a diferença entre as listas do Procon e do TJRJ pode ser um indício de que essas áreas que se tornam mais demandadas na justiça são as que causam maiores prejuízos aos bolsos dos consumidores e também as que menos resolvem os problemas diretamente (via SAC) ou via Procon.

---

8. Cadastro Nacional de Reclamações Fundamentadas 2009. Relatório Analítico. Departamento de Proteção e Defesa do Consumidor (DPDC). Brasília: DPDC. Disponível em: <http://portal.mj.gov.br/data/Pages/MJ5E813 CF3PTBRIE.htm>.
9. Disponível em: <http://portaltj.tjrj.jus.br/documents/10136/18661/apresentacao-top30.pdf>.

Tabela 9. **Mais reclamados (top 30) Procons nacionais em 2009**

PROCON	Ocorrência
Marcas eletrônicas (especialmente de telefone celular) – Nokia, LG, Motorola etc.)	30%
Telefonia celular (OI, TIM, Vivo, Claro etc.)	28%
Bancos (Itaú, Santander, Citibank etc.)	24%
Lojas varejo (Americanas, Casas Bahia, Ponto Frio etc.)	16%
Supermercados (Walmart, Carrefour)	3%
Total (N)	48.752

Fonte: Sindec 2009.

Tabela 10. **Mais demandados (top 30) Judiciário do Rio de Janeiro, entre junho de 2010 e junho de 2011**

Judiciário	Ocorrência
Bancos	55%
Serviços essenciais (luz, água e esgoto)	19%
Telefonia	13%
Varejo	6%
INSS	4%
Planos de saúde (Unimed)	3%
Total (N)	80.861

Fonte: TJRJ julho/2011.

Tal indício fica ainda mais forte quando observamos que a maioria dos consumidores, quando enfrenta problemas ou fica insatisfeita em suas relações de consumo, procura em primeiro lugar o próprio fornecedor do serviço ou produto, depois o Procon e por último o Judiciário. Cerca de 21% dos que se sentiram lesados não tomou nenhuma iniciativa.

Figura 19. **Solução buscada para o problema.**

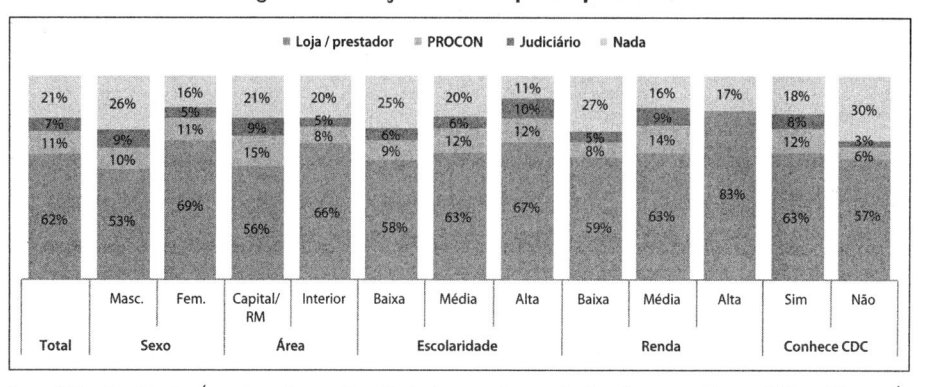

Base: 364 entrevistados (que vivenciaram situação de desrespeito aos direitos do consumidor nos últimos 12 meses).

Dos entrevistados que fizeram alguma coisa para resolver o problema, 41% afirmam que conseguiram uma solução, 48% não conseguiram e 10% ainda estão aguardando. Considerando o tipo de solução buscada para o problema observamos que a busca pelo prestador de serviço foi a que obteve resposta mais rápida, o que não necessariamente implica resposta positiva – em 50% das vezes o problema foi resolvido, 40% não foi resolvido e 10% ainda aguardam.

Tabela 11. **Resolução do problema de acordo com a medida tomada.**

O que fez	Problema foi resolvido?		
	Não	Sim	Ainda está aguardando
Procurou Loja / prestador	40%	50%	10%
Foi ao Procon	36%	46%	18%
Acionou Judiciário	29%	33%	38%

Base: 287 entrevistados (que vivenciaram situação de desrespeito aos direitos do consumidor e que tomaram alguma providência)

Perguntamos aos entrevistados que não buscaram o Judiciário por que deixaram de utilizar essa fonte. O motivo mais citado foi a demora; na sequência, a afirmação de que solucionaram o problema de outra forma. É significativo também o percentual que alegou ou que não sabia que poderia procurar o Judiciário para o caso que vivenciou ou que não sabia como utilizar a justiça (ambos somam 18%).

Figura 20. **Motivo declarado pelos entrevistados para não terem procurado Judiciário.**

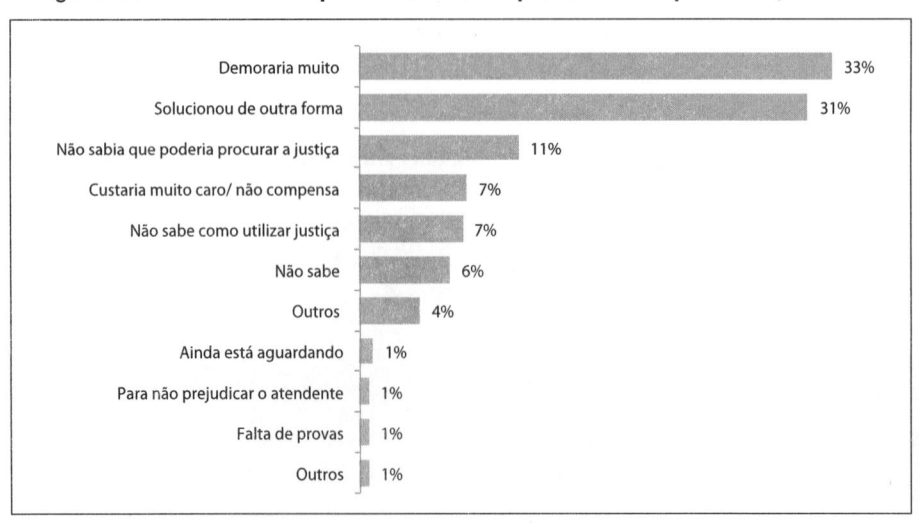

- Demoraria muito: 33%
- Solucionou de outra forma: 31%
- Não sabia que poderia procurar a justiça: 11%
- Custaria muito caro/ não compensa: 7%
- Não sabe como utilizar justiça: 7%
- Não sabe: 6%
- Outros: 4%
- Ainda está aguardando: 1%
- Para não prejudicar o atendente: 1%
- Falta de provas: 1%
- Outros: 1%

Base: 344 entrevistados (que enfrentaram situação de desrespeito aos direitos do consumidor, mas não buscaram o Judiciário).

Tabela 12. **Motivo declarado pelos entrevistados para não terem procurado o Judiciário.**

	Total	Sexo		Área		Escolaridade			Renda			Conhece CDC	
		Masc.	Fem.	Capital/RM	Interior	Baixa	Média	Alta	Baixa	Média	Alta	Sim	Não
Demoraria muito	33%	31%	34%	37%	30%	27%	39%	35%	33%	34%	50%	36%	21%
Solucionou de outra forma	31%	31%	30%	29%	31%	29%	31%	32%	28%	31%	17%	32%	22%
Não sabia que poderia procurar a justiça	11%	9%	13%	10%	12%	14%	9%	9%	12%	9%	17%	8%	22%
Não sabe como utilizar justiça	7%	9%	6%	4%	10%	11%	5%	3%	7%	8%	-	6%	12%
Custaria muito caro/não compensa	7%	9%	6%	12%	5%	8%	6%	9%	9%	5%	-	7%	7%
Não sabe	6%	7%	6%	4%	8%	8%	5%	5%	7%	5%	17%	6%	9%
Outros	4%	5%	3%	3%	4%	2%	4%	6%	2%	5%	0%	4%	3%

Base: 344 entrevistados (que enfrentaram situação de desrespeito aos direitos do consumidor, mas não buscaram o Judiciário)

Esses argumentos de falta de conhecimento são mais frequentes entre pessoas de baixa escolaridade e baixa renda, e muito expressivos entre os que desconhecem o CDC. Ou seja, novamente escolaridade e renda se mostram como importantes preditores do conhecimento e do exercício de direitos, e também do acesso à justiça.

É importante citar o estudo apresentado pelo IPEA,[10] com base nos dados do *Justiça em Números* do CNJ de 2009 e dos indicadores socioeconômicos da PNAD de 2009. Esse estudo revelou que 53,54% da demanda ao Judiciário pode ser explicada pelos níveis de educação e renda (pobreza) dos que recorrem à Justiça. Segundo dados contidos no estudo, o aumento de um ano na escolaridade média da população de determinado Estado eleva a demanda por serviços judiciários em 1.182 casos novos por cada 100 mil habitantes em um ano. Ou seja, se a tendência de melhoria de indicadores de escolaridade continuar, há um grande potencial de aumento de demanda dos serviços do Judiciário no que se refere às relações de consumo, se nada mudar no comportamento das empresas quanto à adequação e cumprimento do CDC.

Exploramos ainda junto aos entrevistados a vivência de conflitos específicos nas áreas de serviços de telecomunicações e financeiros, uma vez que estas áreas são bastante demandadas, tanto no Procon quanto no Judiciário. O primeiro dado que chama atenção é que alguns dos consumidores que responderam negativamente

---

10. Disponível em:<http://www.cnj.jus.br/images/pesquisas-judiciarias/iii-seminario-justica-em-numeros/apre_alexandre_cunha_jn_2010.pdf>.

sobre a experiência de situação de desrespeito aos seus direitos de consumidor nos últimos 12 meses na realidade enfrentaram algum problema na área de telecomunicações ou de serviços bancários, mas não descreveram tal situação como um desrespeito aos seus direitos, muitas vezes por desconhecerem esses direitos.

No relato dos consumidores, os serviços que apresentaram maiores dificuldades e problemas na área dos direitos do consumidor foram os de telefonia celular pós-paga e telefonia fixa. As dificuldades mais recorrentes foram a interrupção de serviço e a cobrança indevida. O mesmo se repete para os serviços de TV a cabo e internet banda larga. O enfrentamento de problemas e dificuldades no momento de cancelar o serviço foi citado por 10% dos que possuem linha de telefone celular pós-pago.

Quanto aos serviços financeiros, o principal problema se refere aos cartões de crédito, tanto a cobrança indevida quanto a interrupção do serviço.

Tabela 13. **Posse de serviços de telecomunicações e vivência de situações de conflito nos últimos 12 meses nessa área.**

	% Sim			
	Possui	Recebeu Cobrança Indevida	Interrupção do Serviço	Teve problema para cancelar
Linha de telefone celular pré-pago	66%	5%	11%	4%
Linha de telefone celular pós-pago (conta)	7%	17%	17%	10%
Linha de telefone fixo	37%	18%	16%	6%
TV a cabo ou via satélite	12%	9%	14%	6%
Serviço de Internet banda larga	22%	10%	15%	6%

Base: 1.400 entrevistados

Tabela 14. **Posse de serviços de financeiros e vivência de situações de conflito nos últimos 12 meses nessa área.**

	% Sim		
	Possui	Recebeu Cobrança Indevida	Interrupção do Serviço
Conta em banco	54%	5%	3%
Cartão de crédito (Mastercard/Visa etc.)	34%	7%	5%
Cartão de loja ou supermercado	24%	4%	3%
Financiamento bancário	10%	4%	4%
Algum Seguro (como de vida, carro etc.)	10%	3%	4%

Base: 1.400 entrevistados

Estimulamos também junto aos entrevistados seis situações de desrespeito aos direitos do consumidor e perguntamos a eles se as vivenciaram nos últimos 12 meses. O "empurra-empurra" no SAC foi citado por 10% dos consumidores brasileiros; 9% deles tiveram que esperar um prazo maior do que o combinado no momento da compra ou contratação do serviço para receber pelo que foi comprado ou contratado, e 8% tentaram, mas não conseguiram, trocar um produto que apresentou defeito.

Embora o setor de alimentação seja o mais bem visto pelos consumidores, 6% deles declararam que nos últimos 12 meses compraram um produto com validade vencida em um supermercado, mas não conseguiram a troca desse produto. Cerca de 6% dos consumidores declararam que foram vítimas de propaganda enganosa nos últimos 12 meses, ou seja, compraram produto ou contrataram serviço após terem contato com propaganda, mas constataram que as informações não eram verdadeiras ao usufruírem do produto ou serviço. E 5% dos consumidores tiveram problemas para receber ou utilizar a garantia de um produto.

Figura 21. **Percentual de entrevistados que declarou ter vivenciado situação nos últimos 12 meses.**

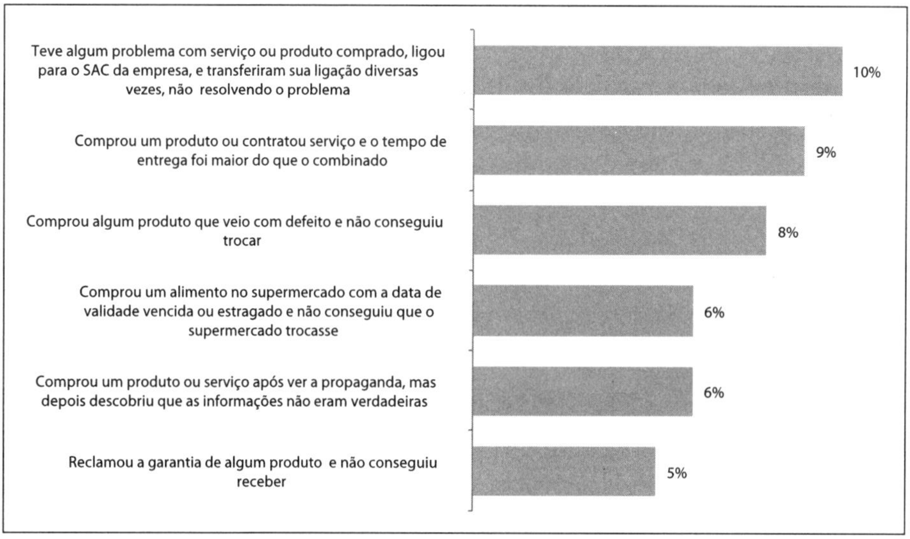

Situação	%
Teve algum problema com serviço ou produto comprado, ligou para o SAC da empresa, e transferiram sua ligação diversas vezes, não resolvendo o problema	10%
Comprou um produto ou contratou serviço e o tempo de entrega foi maior do que o combinado	9%
Comprou algum produto que veio com defeito e não conseguiu trocar	8%
Comprou um alimento no supermercado com a data de validade vencida ou estragado e não conseguiu que o supermercado trocasse	6%
Comprou um produto ou serviço após ver a propaganda, mas depois descobriu que as informações não eram verdadeiras	6%
Reclamou a garantia de algum produto e não conseguiu receber	5%

Base: 1.400 entrevistados.

Interessante ainda notar que 16% dos consumidores que passaram por algum desses conflitos não perceberam tal fato como um desrespeito aos seus direitos de consumidor. Ou seja, quando perguntados se vivenciaram alguma situação de desrespeito, eles declararam que não, o que reforça uma das hipóteses da pesquisa de que muitas vezes o consumidor não sabe que teve um direito desrespeitado por desconhecer seus direitos.

Tabela 15. **Comparação entre declaração espontânea de vivência de conflito e relato estimulado a partir das seis situações listadas.**

Nos últimos 12 meses passou por situação em que sentiu que direitos de consumidor foram desrespeitados	Vivenciou situação		Total
	Não	Sim	
Não	84%	16%	100%
Sim	49%	51%	100%
Total (N)	1047	353	1400

Considerações finais

No balanço geral da pesquisa é possível afirmar que o CDC cumpriu, em pouco mais de duas décadas de existência, a missão de popularizar o direito do consumidor, fazendo com que a maioria dos brasileiros saiba que existe uma lei que os protege em suas relações de consumo. No entanto, ainda precisa enfrentar a missão de fazer com que o consumidor brasileiro utilize essa lei. Ou seja, o Código se tornou popular, mas o seu conteúdo ainda não. A grande maioria dos brasileiros não sabe de fato quais são os direitos que possui como consumidor. E a escolaridade é um fator determinante na explicação dessa realidade – quanto maior a escolaridade, maior o conhecimento tanto do Código quanto do seu conteúdo.

O que se espera para as próximas décadas é a promoção do conteúdo do CDC, ou seja, a popularização dos direitos em si. E na difusão da informação sobre direitos do consumidor dois canais se mostram como os mais eficazes: a mídia e o Procon. E a internet, apesar de ainda pouco utilizada para esse fim, mostra-se com potencial para se tornar também um *locus* de destaque na popularização e na defesa dos direitos do consumidor.

É importante destacar o papel esperado do Estado na promoção e proteção desses direitos. Em razão da própria configuração da sociedade brasileira e do papel que o poder público vem desempenhando nessa área, a expectativa relativa ao Estado perpassa classes sociais e diferentes níveis de escolaridade. E a presença dele se faz sentir principalmente via Procon – e quando retomamos o dado de que apenas 10% dos municípios brasileiros possuem Procon, identificamos um grande espaço para melhoria.

As empresas também têm um papel a cumprir, pois, no que se refere às percepções sobre o respeito aos direitos do consumidor, o balanço é negativo, com a sensação de desrespeito prevalecendo. A crítica do consumidor é, antes de tudo, de desinformação, ou seja, as empresas não se comunicam apropriadamente, e isso acaba por gerar conflitos e disseminar a sensação de desrespeito.

Outro desafio que se coloca é o exercício de direitos. O diagnóstico é de que há muito desrespeito aos direitos, mas pouca reclamação. E um aspecto importante que diferencia o exercício de direitos é novamente a escolaridade – as pessoas de escolaridade mais alta são as que costumam reclamar mais quando têm um direito desrespeitado. Ainda assim, há uma miscelânea de fatores subjetivos e mesmo culturais que explicam o porquê de algumas pessoas reclamarem e outras, não.

E por fim, há espaço para que os próprios consumidores desempenhem um papel mais ativo. Seja porque esperam muito do Estado, seja porque desconhecem grande parte dos direitos e deveres como consumidor, o fato é que os brasileiros adotam poucas medidas de prevenção. São um pouco mais cuidadosos quando o assunto é a senha do banco e a alimentação. No mais, tendem a ser pouco precavidos. A escolaridade é fator diferencial, quando ela aumenta, aumenta a adoção da postura preventiva. O investimento em educação se faz, assim, essencial para a promoção dos direitos do consumidor no país.

Referências

CARVALHO, José Murilo de. *Os bestializados*: o Rio de Janeiro e a República que não foi. São Paulo: Companhia da Letras, 1987.

CUNHA, L. G.; BUENO, Rodrigo De Losso da Silveira; OLIVEIRA, Fabiana Luci de; TERCEROS, Hector Montenegro (2011). *Índice de Confiança na Justiça*. Relatório ICJBrasil – 4º Trimestre/2010. 3ª Onda, 2011. Disponível em: <http://www.direitogv.com.br/subportais/RelICJBrasil4TRI2010.pdf>. Acesso em: 8 jul. 2011.

MARSHALL, T. H. *Cidadania, classe social e status*. Rio de Janeiro: Zahar, 1967.

NÉRI, Marcelo Cortes. A nova classe média: o lado brilhante dos pobres (The Bright Side of the Poor), 2010. Disponível em: <http://www3.fgv.br/ibrecps/ncm2010/NCM_Pesquisa_FORMATADA.pdf>. Acesso em: 8 jul. 2011.

OLIVEIRA, Fabiana Luci. Movilidad social y económica en el Brasil. ¿Una nueva clase media?. *Las clases medias en América Latina*: retrospectiva y nuevas tendencias. Argentina: Siglo XXI, 2010.

PAJOLI, Antonio Carlos La Gamba. Aspectos do comportamento do consumidor relacionados à proteção e defesa de seus direitos. *Caderno de Pesquisa em Administração*, São Paulo, v. 00, n. 0, ,p. 1-8, 1994.

PANDOLFI, Dulce Chaves; SOARES, Gláucio Ary Dillon; D'ARAUJO, Maria Celina (Org.). *Cidadania, justiça e violência*. Rio de Janeiro: Ed. FGV, 1999.

PÓ, Marcos Vinicius. *Defesa do consumidor no Brasil*: contextualização histórica, legislação e mapa das instituições públicas e sociais atuantes no tema. Santiago, Chile: Friedrich Ebert Stiftung, 2008. (Série Análisis y propuestas.)

VIANNA, Luiz Werneck; CARVALHO, Maria Alice Rezende; MELO, Manuel Palacios Cunha e BURGOS, Marcelo Baumann. *A judicialização da política e das relações sociais no Brasil*. Rio de Janeiro: Revan, 1999.

2

O comportamento da nova classe média brasileira nas relações de consumo

FABIANA LUCI DE OLIVEIRA
RICARDO MORISHITA WADA

2.1 A nova classe média brasileira e a importância dos direitos do consumidor

A estrutura socioeconômica da sociedade brasileira vem se alterando consideravelmente nas últimas décadas e mais acentuadamente nos últimos seis anos. Observando a movimentação na pirâmide social brasileira nesse período, notamos um forte crescimento da classe média. Os dados mostram que em 2005 aproximadamente 34% da população brasileira estava no meio da pirâmide social (na classe C). Em 2007 o percentual já era de 46% – um crescimento de 12 pontos percentuais em apenas dois anos. Em 2009 a classe C representava praticamente metade da população brasileira, e em 2010 ela passou a totalizar 53% dos brasileiros.

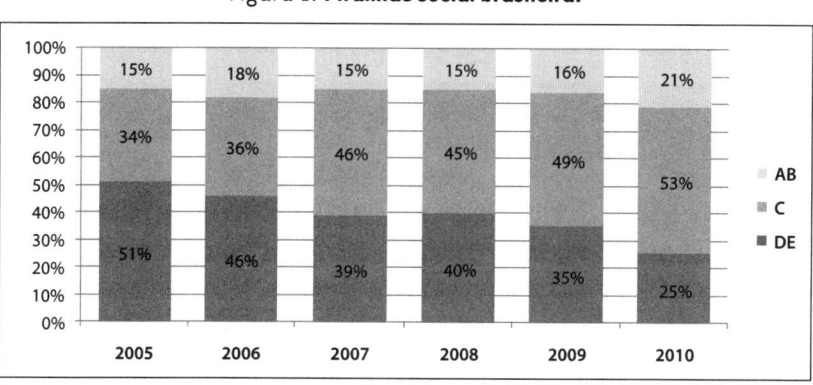

Figura 1. **Pirâmide social brasileira.**

Ano	AB	C	DE
2005	15%	34%	51%
2006	18%	36%	46%
2007	15%	46%	39%
2008	15%	45%	40%
2009	16%	49%	35%
2010	21%	53%	25%

Fonte: Cetelem Observador, 2010.

Em números absolutos isso quer dizer que a população brasileira passou de aproximadamente 182 milhões em 2005 chegando a praticamente 192 milhões em 2010, o que significa que a população pertencente à classe média C cresceu de cerca de 62 milhões em 2005 e atingiu quase 102 milhões em 2010. Ou seja, nestes últimos seis anos foram quase 40 milhões de novos consumidores alçados à classe média.

A tendência é evidente. O Brasil é agora um país de classe média, pois houve um *boom* da classe C, levando o país ao fortalecimento do seu mercado de consumo. E o que isso denota? O que é ser um país de classe média? Não há grande consenso em torno do conceito de classe média, mas um fator comum a quase todas as definições é o aspecto valorativo e aspiracional: ser classe média é almejar uma vida melhor para o futuro e buscar distinção via um padrão de consumo que visa garantir sua posição em um *status* de classe média (Oliveira, 2010).

O que possibilitou à classe C agir com valores de classe média foi a expansão e o barateamento do crédito, associado a um cenário macroeconômico bastante positivo: otimismo e estabilidade na economia, crescimento do PIB brasileiro, recuperação do valor do salário mínimo, controle da inflação e aumento do emprego formal. A nova classe média se diferencia da classe média tradicional por ter menor escolaridade e menor renda, mas se aproxima dela por apropriação simbólica e incorporação dos valores aspiracionais de busca de ascensão e diferenciação social pela via da educação e do consumo (Oliveira, 2010).

Quando mencionamos aqui nova classe média, referimos à classe C, dada a partir do chamado Critério Brasil (Critério de Classificação Econômica Brasil) fornecido pela Associação Brasileira de Empresas (Abep). O Critério Brasil estima o poder de compra dos indivíduos e das famílias urbanas, distribuindo-os por classes econômicas (A1, A2, B1, B2, C, D, E) de acordo com posse de bens de consumo duráveis e serviços, assim como pela educação do chefe do domicílio. O critério de renda não é considerado de forma direta neste indicador.[1]

---

1. De acordo com a Abep (http://www.abep.org), a distribuição de pontos para a segmentação das famílias em classes econômicas utilizada até 2009 é a seguinte:

POSSE NO DOMICÍLIO	0	1	2	3	4+	CLASSIFICAÇÃO	
Televisão em cores (em funcionamento ou em conserto)	0	1	2	3	4	A1	(42 a 46 pontos)
Videocassete e/ou DVD (em funcionamento ou em conserto)	0	2	2	2	2	A2	(35 a 41 pontos)
Rádio (em funcionamento ou em conserto, excluindo rádio do automóvel)	0	1	2	3	4	B1	(29 a 34 pontos)
Banheiro (incluindo de empregada e lavabo com vaso sanitário)	0	4	5	6	7	B2	(23 a 28 pontos)
Automóvel (uso de passeio)	0	4	7	9	9	C1	(18 a 22 pontos)
Empregada (mensalista e que trabalhe pelo menos de 2ª a 6ª)	0	3	4	4	4	C2	(14 a 17 pontos)
Máquina de lavar roupa (em funcionamento ou em conserto)	0	2	2	2	2	D	(8 a 13 pontos)
Geladeira (em funcionamento ou em conserto)	0	4	4	4	4	E	(Até 7 pontos)
Freezer (aparelho independente ou parte de geladeira duplex)	0	2	2	2	2		

GRAU DE INSTRUÇÃO DO CHEFE DA FAMÍLIA	PONTOS
Analfabeto/ até 3ª Série Fundamental	0
4ª Série Fundamental	1
Fundamental completo	2
Médio completo	4
Superior completo	8

O Critério Brasil é utilizado em larga escala por pesquisadores e institutos de pesquisa brasileiros com a função de estimar o poder de compra das pessoas, servindo como um *proxy* de sua classe social. E o critério goza de grande credibilidade. Há no país uma uniformidade quando se fala em classe por critério socioeconômico. É claro que há limitações em sua utilização, principalmente quando se trata de discriminar os segmentos mais altos da escala social. Tomamos então aqui a definição de classe média, como a que se diferencia pelo padrão de consumo, e, neste padrão, o perfil de consumo da classe C (dada pelo critério Brasil).

O consumo é, portanto, um dos principais diferenciais de caracterização da classe média. Segundo Poschman (2006), "o consumo assume um valor suplementar de relacionamento e de aparência, capaz de possibilitar identificação com elevado *status* social, dentro do projeto mais amplo de prosperidade fundado na ascensão e mobilidade intergeracional". E conclui: "Com isso a classe média acaba por comprometer parcelas significativas de sua renda em gastos inversionais como roupas, habitação, diversão, educação, bem acima das despesas com 'autoconservação', como seriam as de alimentação e saúde" (2006, p. 88).

O comprometimento considerável da sua renda com os bens de consumo explica, ainda que parcialmente, a crescente importância do direito do consumidor para a vida do brasileiro.

O poder de consumo é um instrumento central na formação da identidade das classes médias. E a principal porta de entrada no consumo para as classes mais baixas é via crédito. E, com prazos mais longos e maior estabilidade, as parcelas passaram a caber no bolso de uma grande fatia da população, antes excluída do consumo de bens como automóveis, imóveis, viagens etc.

No entanto, o crédito ampliou, sobretudo, o acesso a bens de valores intermediários, eletroeletrônicos, eletrodomésticos, móveis e produtos de tecnologia e comunicação, como computadores e celulares.

Dados do Ministério da Justiça apontam que a principal reclamação do consumidor nos órgãos de proteção ao consumidor foram os produtos eletrônicos, especialmente os aparelhos celulares (17,62%) no ano de 2010.[2]

No Brasil, a rede de varejo Casas Bahia foi uma das pioneiras no mercado de classes populares, oferecendo crédito, inclusive para os trabalhadores que não têm capacidade de comprovar sua renda (informais), o que deu origem ao chamado "fenômeno Casas Bahia",[3] que possibilitou milhares de brasileiros cruzarem a linha que separava as classes DE da classe C.

Há inúmeros estudos em relação ao comportamento de consumo desta nova classe média e da implicação desse consumo para o cenário econômico brasileiro. Contudo, o que se sabe sobre hábitos e atitudes dos consumidores da nova classe

---

2. Sindec/MJ. Disponível em: <www.mj.gov.br/dpdc>. Acesso em: 8 jul. 2011.
3. Prahalad, 2005.

média, ou classe C, em relação aos direitos do consumidor em suas relações de consumo?

Para discutir o comportamento da nova classe média brasileira no que se refere ao direito do consumidor realizamos quatro grupos de discussão focal, entre os dias 14 e 30 de março de 2011, nas cidades de São Paulo e Rio de Janeiro.

A técnica de grupo focal consiste em reunir para uma conversa informal um grupo reduzido de pessoas (entre oito e doze usualmente), que tenham alguma característica em comum, consistindo no público-alvo da pesquisa. Essa técnica permite trabalhar com a reflexão expressa por meio da "fala" dos participantes, apreendendo seus conceitos, impressões e concepções sobre determinado tema (Cruz Neto et al., 2002) .

Exploramos as percepções dos entrevistados acerca dos seus direitos como consumidores. O que sabem sobre esses direitos, qual a familiaridade que têm com o Código de Defesa do Consumidor (CDC), e como avaliam seu comportamento e o das empresas em suas relações de consumo. Exploramos também a experiência de conflitos nessas relações e a forma buscada para solucioná-los, segmentando os consumidores em dois grupos: os que já recorreram ao Judiciário para reclamar direitos do consumidor e os que nunca buscaram o Judiciário com essa finalidade. Com isso, procuramos entender as diferenças nas motivações de quem vivenciou conflitos de consumo e utilizou o Judiciário e de quem vivenciou tais conflitos, mas não fez uso da justiça formal.

Quadro 1. **Perfil dos grupos.**[4]

Perfil socioeconômico e demográfico	Perfil Atitudinal	Local e quantidade de grupos
Homens e mulheres, de 25 a 40 anos de idade, pertencentes à Classe C	Consumidores que já acionaram o Judiciário em decorrência de um conflito de consumo	Um grupo em São Paulo e um grupo no Rio de Janeiro
	Consumidores que nunca procuraram o Judiciário, mas já vivenciaram algum conflito de consumo	Um grupo em São Paulo e um grupo no Rio de Janeiro

2.2 Percepção sobre direitos e deveres – onde fica o direito do consumidor?

Instados a falar sobre a relação entre direitos e deveres na sociedade brasileira e a identificarem os principais direitos e deveres que possuem como cidadãos, notamos que, como para a maioria dos brasileiros, também para o brasileiro da nova classe

---

4. Cruz Neto, O.; Moreira, M. R.; Sucena, L. F. M. Grupos focais e pesquisa social qualitativa: o debate orientado como técnica de investigação. In: Encontro da Associação Brasileira de Estudos Populacionais. 13., ABEP, 2002, Ouro Preto. Disponível em: http://www.abep.nepo.unicamp.br/docs/anais/pdf/2002/Com_JUV_PO27_Neto_texto.pdf. Acesso em: 8 jul. 2011.

média a noção de direitos está muito associada à ideia de direitos sociais, como trabalho, educação, saúde e transporte, sendo os direitos civis e políticos pouco mencionados. Quando falaram espontaneamente em direitos, o direito do consumidor não ganhou destaque.

Em termos de deveres, o pagamento de impostos e o respeito mútuo são os mais citados. E, colocando na balança a relação "direitos e deveres", manifestam a sensação de que há mais deveres que direitos, uma vez que acreditam que os direitos que possuem são pouco respeitados.

A tendência é responsabilizar o governo, uma vez que esperam por políticas públicas que promovam direitos e permitam uma melhor distribuição dos serviços básicos como educação, transporte e saúde.

Entretanto, o cidadão divide essa responsabilidade com o governo; os entrevistados afirmam que a grande maioria das pessoas é "acomodada" e não sabe reivindicar seus direitos, utilizando mal o próprio voto. Na visão dos entrevistados, tal situação seria agravada por quatro fatores: (a) baixa instrução, (b) pouco conhecimento sobre os direitos, (c) falta de coragem ou mesmo vergonha em lutar por seus direitos e (d) falta de tempo. Na fala de um dos entrevistados, "lutar pelos direitos no Brasil é muito moroso e muitas vezes não compensa".

Embora o balanço entre direitos e deveres seja negativo, há certo otimismo e uma percepção de que tem havido melhora, especialmente em razão do papel desempenhado pelos meios de comunicação. Percebem que houve um incremento nos instrumentos e instituições de proteção aos direitos dos cidadãos e que o acesso mais difundido aos meios de comunicação, especialmente a internet, está suscitando uma mudança de comportamento das pessoas, que cada vez mais aprendem sobre seus direitos e sobre maneiras de reivindicá-los.

Todavia, a ideia de direitos é citada nos grupos sempre como algo que se aplica ao indivíduo, nunca ao coletivo, o mesmo ocorrendo na prática reivindicatória quando há direitos lesados – não há referência à possibilidade de reclamações coletivas.

- Nós temos muitos direitos que nem ficamos sabendo (SP, Não procuraram a Justiça).
- A maioria das pessoas não briga pelos seus direitos, porque não temos esse tempo de ficar horas discutindo; com o estresse que gera, acabamos desistindo (SP, Não procuraram a Justiça).
- Para mim, há mais deveres do que direitos. Saúde, transporte, educação sempre ficam em segundo plano (SP, Procuraram a Justiça).
- A Lei Maria da Penha, para mim, é um direito (SP, Procuraram a Justiça).
- Nessa questão do direito, o brasileiro é muito preguiçoso, se vai dar trabalho, não vai resolver. O Brasil é o país onde mais se cobram taxas, e não tem um protesto, não tem uma união da população. A maré vai levando e o povo vai indo (RJ, Não procuraram a Justiça).

- A burocracia é tão grande, as pessoas dizem que o brasileiro não corre atrás. Tudo se resume a tempo, e temos de pensar três vezes antes de reclamar de alguma coisa. Se fôssemos ricos, teríamos tempo para esperar, mas nós somos pobres e temos de trabalhar (RJ, Não procuraram a Justiça).
- As pessoas estão buscando. Você vai à televisão, à rádio (RJ, Procuraram a Justiça).
- Antigamente a galera tinha medo de exigir os direitos. Agora as pessoas vão à rádio. A galera já não está com medo de falar dos problemas, se tiver um púlpito no meio da rua, as pessoas falam (RJ, Procuraram a Justiça).
- Os meios de comunicação influenciam bastante (RJ, Procuraram a Justiça).
- Você digita tudo no Google, e a gente escuta as pessoas também (RJ, Procuraram a Justiça).
- Hoje em dia, com a internet e a facilidade de informação, as pessoas estão ficando mais espertas, mais antenadas, já conversam com alguém que já passou por isso. As pessoas estão começando a se informar; em relação há vinte anos, está muito melhor (RJ, Não procuraram a Justiça).
- O código é útil, mas ninguém lê (SP, Procuraram a Justiça).

Mas o que os brasileiros da nova classe média conhecem a respeito dos seus direitos como consumidores? Quando estimulados a falar sobre direitos e deveres nas relações de consumo, o CDC é logo citado, assim como são lembradas as instituições de defesa dos direitos do consumidor, especialmente o Procon. Todos conhecem o Código e sabem da existência dos direitos do consumidor, mas na prática pouco sabem sobre seu conteúdo, uma vez que a maioria nunca o consultou – mesma realidade do consumidor brasileiro em geral.

Os que nunca abriram o CDC justificam-se em primeiro lugar pela falta de tempo e mesmo pela preguiça de ler, afirmando que, quando enfrentarem algum problema, saberão onde procurar informação – não se dando conta de que muitas vezes já tiveram algum direito desrespeitado por não saberem que possuíam tal direito.

A segunda justificativa mais comum para nunca terem aberto o Código é a preconcepção da dificuldade da linguagem – imaginam que o conteúdo seja complicado, a linguagem de difícil compreensão, e afirmam que preferem recorrer a outras fontes de informação mais rápidas, como amigos, vizinhos, internet, programas de rádio, revistas ou jornais.

Não podemos esquecer que essa nova classe média difere da classe média tradicional, sobretudo pelo nível de escolaridade, tendo em vista que ela ascendeu a um padrão de consumo movida principalmente pela expansão da oferta de crédito.

Assim, a declaração da noção de existência do CDC revela um importante passo da sociedade, mas é necessário ir além e promover formas mais substantivas de apropriação de conhecimento, por meio de divulgação e educação para o direito do consumidor que vá além da disponibilização de exemplares nas lojas.

É possível reconhecer em diversos momentos a valorização dada pelo cidadão-consumidor ao conhecimento formal e o informal. No aspecto formal, há uma divisão da responsabilidade entre o Estado (promova a educação) e o cidadão. Entretanto, é na educação informal que a valorização do conhecimento oral é revelada.

Nas entrevistas percebemos que esse consumidor da nova classe média pensa principalmente no CDC em termos de punição, com pouco destaque para os aspectos de prevenção e reparação que o Código também prevê.

- Perto da minha casa tem um supermercado que tem o código disponível, mas está plastificado, ninguém tem vontade de chegar lá, abrir e ler (SP, Procuraram a Justiça).
- Todo mundo deveria ter acesso ao Código do Consumidor para saber quando está sendo lesado em seus direitos (SP, Procuraram a Justiça).
- O governo é que deveria distribuir o código para a população, para todo mundo ter em casa, ou distribuir nas escolas para as crianças levarem para os pais (SP, Procuraram a Justiça).
- A falta de instrução é culpa também da população, que não procura saber, e o governo não procura informar (SP, Não procuraram a Justiça).
- Por causa do meu problema com a geladeira que comprei, tive de ler o código e achei que foi fácil entender (SP, Não procuraram a Justiça).
- Só me lembro do código quando não aguento mais esperar para resolver o problema (SP, Não procuraram a Justiça).
- Ninguém tem tempo de correr atrás dos seus direitos. Você só vai querer saber quando for com você. Quando for com meu vizinho... (SP, Procuraram a Justiça).
- Ou ficamos sabendo dos nossos direitos por meio dos problemas dos outros. Alguém conta um caso, e você já fica esperto para não acontecer com você. Mas querer saber, antecipar-se ao problema, não (SP, Procuraram a Justiça).

Já os consumidores que consultaram o Código afirmam que ele é simples, e que ficaram positivamente surpreendidos pela facilidade de entendê-lo.

A grande maioria sabe da lei que obriga os estabelecimentos comerciais a deixar o CDC à disposição do cliente. E entendem isso como um avanço, mas asseveram que ainda há muito o que fazer para efetivamente se sentirem protegidos, apontando especialmente a falta de fiscalização para que as empresas sigam o Código. Na prática acreditam que pouca coisa mudou nas relações de consumo com a maioria das empresas e os prestadores de serviço. O consumidor ainda se sente vulnerável perante as grandes empresas e corporações.

Os consumidores acreditam que as empresas tenham intenção de respeitar o Código, ainda que seja como uma política de valorização da imagem institucional, mas apontam que o problema é a falta de treinamento para os funcionários das empresas, que lidam diariamente com os consumidores, principalmente no pós--venda.

Ressaltam que muitas vezes se sentem impotentes quando enfrentam algum problema com um produto ou serviço adquirido e procuram o fornecedor para solucionar o problema. Relatam situações de descaso ou empurra-empurra por parte das empresas. Falta, na visão destes consumidores, uma punição exemplar aos que desrespeitam o consumidor. No entanto, muitas vezes eles ficam em dúvida se houve ou não desrespeito e se têm ou não determinados direitos. Uma consumidora, por exemplo, pergunta:

> - Se eu for a uma loja e comprar um produto que está exposto, num saldão, numa promoção, mesmo assim eu tenho o mesmo direito quando se trata de um produto comprado fora da promoção? Eu gostaria de saber. Se comprou na promoção e estava arranhado, não sei se tem o direito de trocar (RJ, Procuraram a Justiça).

O que pudemos notar a partir dos grupos é que o direito do consumidor está presente na vida do brasileiro da nova classe média, mas o lugar que ele ocupa ainda é restrito, vinculado muito mais à ideia de reparação do que à de prevenção e de punição, seja pela falta de tempo ou vontade em se informar, seja pela dificuldade em buscar a informação.

A maioria desses consumidores sabe que possui direitos, mas não tem conhecimento detalhado de que direitos são esses. Sabe, por exemplo, que na compra de um bem, caso este seja entregue avariado, o fornecedor é responsável por repará-lo, mas fica em dúvida quando tem direito à reposição ou troca do item, ou quando tem direito apenas à assistência técnica.

O conhecimento entre a garantia legal dos produtos e serviços (dever legal de reparação de danos previstos no CDC) ainda se confunde com a garantia de natureza contratual. Na maioria das vezes, os consumidores consideram apenas aquela de natureza contratual, a que vem declarada pelo fornecedor.

Em termos de prevenção, a maioria dos entrevistados admitiu que não tem o hábito de ler aquilo que assina, ou o faz superficialmente, em parte porque não consegue entender o que está escrito. Aqui surge a mesma sensação que há em relação ao CDC no tocante à dificuldade com a linguagem: para que perder tempo lendo algo que ele não vai compreender?

Não é por outra razão que a primeira regra obrigatória para todos os contratos de consumo é garantir, sob pena de ineficácia, a compreensão do sentido e alcance dos termos pactuados (art. 46 do CDC).

Além de desconsiderar a regra que tem natureza obrigatória, isso abre portas para problemas por cláusulas não lidas e não discutidas no ato da compra do produto ou da contratação do serviço, como multas por rescisão de contrato antes do prazo de fidelização.

Mais uma vez, a informação e o conhecimento dos direitos tornam-se imprescindíveis, pois podem levar o consumidor a assumir como sua uma obrigação imposta por lei, com efeitos inclusive administrativos, que pertence ao fornecedor.

Trata-se não apenas de uma questão individual, mas coletiva, pois a qualidade da pactuação é baixa, na medida em que não há compreensão dos termos contratados, o que pode acarretar uma perda de segurança jurídica das relações, com prejuízo para toda sociedade, consumidores e fornecedores.

- É difícil ler contratos. São muitas cláusulas. Você está na fila, está aquele tumulto, e não vai perder seu tempo lendo tantas cláusulas de contrato (SP, Procuraram a Justiça).
- Eu só li a parte que me interessava, deu para entender, mas nem todo mundo que lê entende (RJ, Procuraram a Justiça).
- Eu nunca li contrato, mas deve ter termos técnicos, jurídicos, para a pessoa comum ter dificuldade mesmo (RJ, Não procuraram a Justiça).
- Tem texto que devido à linguagem técnica deixa dúvidas. As palavras são colocadas de uma maneira que dá abertura para a pessoa usar contra o consumidor (RJ, Não procuraram a Justiça).
- O que eu li eu consegui entender, mas tem partes que não dá para entender (RJ, Não procuraram a Justiça).

Apesar de não ler contratos, alguns hábitos de precaução são tomados, como verificar a existência de garantia em caso de compra de eletroeletrônicos, levantar informações sobre política de troca e exigir a nota fiscal.

Outra esfera em que também tomam maiores cuidados é a alimentação, via leitura de informações presentes em rótulos e embalagens, como a validade dos produtos.

No entanto, admitem que, na ânsia pelo consumo, às vezes, mesmo essas precauções são deixadas de lado.

2.3 Quando e como o consumidor reclama seus direitos?

Como indicamos, segmentamos os consumidores em dois grupos: os que já utilizaram o Judiciário para resolver conflitos de consumo e os que nunca recorreram a ele com esta finalidade.

Duas características são comuns aos membros destes dois grupos: a motivação e a disposição para "correr atrás" do direito do consumidor, seja por que via for, estão sujeitas à relação custo-benefício, ou seja, o quanto de tempo e de esforço será demandado para reclamar *versus* o valor do bem ou serviço que gerou o conflito. Esses consumidores acabam reclamando mais quando o bem ou serviço adquirido tem valor elevado e o cálculo de que o prejuízo foi grande.

A visão é de que reivindicar um direito é custoso e gera estresse. Assim, quando são itens de valores mais baixos, torna-se mais vantajoso "deixar pra lá". Reivindicar um direito só compensa no caso de bens mais caros, como uma geladeira, um carro etc.

- Por exemplo, você compra um aparelho celular, ele quebra, só que para levar para uma assistência técnica ela não é onde você comprou, ela é na Zona Franca de Manaus. E você comprou o celular na Zona Leste de São Paulo. Então você liga, o cara te passa o endereço e você manda por sedex, gasta dinheiro do seu bolso, ele diz que não tem jeito ou diz que não tem peça, então você compra um novo ou aguarda o dia que ele tiver para arrumar, isso vai um mês, você fica sem celular? Tanto que eu conheço pessoas que deixam o aparelho e compram outro (SP, Não procuraram a Justiça).

- As pessoas normalmente brigam mais por coisas grandes como uma máquina, uma geladeira, porque quando são menores as pessoas não vão querer voltar para trocar e dependendo de como você foi atendido e o que o cara falou para ele é melhor você virar as costas e sair porque você não sabe a reação que vai ter (SP, Procuraram a Justiça).

- Comprei uma piscina e ela estava furada, liguei para empresa, eles disseram que tinha que mandar o produto de volta para São Paulo, com uma carta, muito trabalho, desisti (RJ, Não procuraram a Justiça).

- Na verdade eu acho que a gente tem que brigar, buscar os nossos direitos, mas é cansativo e às vezes você não tem como perder um dia de trabalho para correr atrás, você não tem como ficar usando o telefone para resolver isso porque às vezes você vai ligar num atendimento de um site por exemplo e fica jogando para um e para outro e você fica quarenta minutos no telefone e muitas vezes você não pode disponibilizar quarenta minutos do seu dia para falar com um atendente. Você faz uma compra num fim de semana, que é quando você tem um intervalo de trabalho, e se der problema, você tem que sair do trabalho num dia durante a semana para resolver isso, e quando você chega lá, fica um jogando para o outro, e no fim dizem: olha, volta daqui a três dias, e aí você tem que perder mais um dia de trabalho para voltar lá porque muitas vezes tem que ser a própria pessoa que comprou, não pode ser um terceiro (SP, Procuraram a Justiça).

O caminho escolhido em busca da reparação do prejuízo depende de cada situação. E as escolhas dos consumidores são principalmente se a reclamação será direto com o fornecedor, via Procon ou Juizados Especiais, mais conhecido por eles como juizado de pequenas causas. Além destes três principais canais, a internet é citada pelos mais jovens, e no Rio de Janeiro a imprensa escrita, via jornal *O Globo*, ganha mais destaque que o próprio Procon. Internet e mídia são lembradas não apenas como fonte de denúncia, mas também como importantes fontes de informação.

O trajeto usual quando um produto ou serviço adquirido dá problema é, em primeiro lugar, tentar um entendimento com o fornecedor. O acordo direto é o caminho mais procurado, considerado por todos como o mais simples e com melhores resultados.

Este dado é extremamente importante porque revela a possibilidade de o fornecedor solucionar imediatamente o conflito, evitando o desgaste na sua imagem, a transferência do conflito para o Estado e assim garantir, mais que o atendimento, a satisfação do consumidor.

Se não obtiverem sucesso, o caminho seguinte poderá ser o Procon ou diretamente o Judiciário, por meio do Juizado Especial Cível. Lembrando que entre os que nunca procuraram o Judiciário a opção é o "deixa pra lá", pois acreditam que o caminho do Judiciário é muito demorado e não compensa o desgaste. Entre os que já acionaram o Judiciário, a visão é oposta, falam da facilidade de acesso e uso, por dispensar a intermediação de advogados e contar com defensores públicos para auxiliarem com os procedimentos e mesmo informarem corretamente sobre os direitos.

A busca pelo fornecedor é sempre a primeira atitude, com exceção das empresas de telefonia, que são as únicas reputadas como "intratáveis" – nesse caso a tendência principal é não contatá-las e buscar diretamente outros mecanismos, seja o órgão regulador (Anatel), seja o Procon ou mesmo o Judiciário.

As grandes empresas são consideradas em geral como de difícil tratamento, pois para elas, na visão destes consumidores, qualquer cliente é apenas mais um, e a chance de não resolução dos casos é grande. Tratariam mal o consumidor uma vez que teriam pouca ou nenhuma concorrência.

As características que identificam nestas empresas são a burocracia e o atendimento distante e impessoal. Ou seja, exigência de muita documentação, passando por diversos atendentes via *call center*, repetindo informações e dados muitas vezes sem conseguir solução efetiva.

A edição do Decreto nº 6.523, de 31/07/2008, que regulamenta o atendimento telefônico dos consumidores de serviços públicos com concessão federal, passou desapercebida pelos consumidores. O decreto prevê nos casos de atendimento telefônico ao consumidor tanto a proibição expressa de mais de uma transferência como também a repetição de dados do consumidor ou da reclamação. O descumprimento das regras ensejam a cominação de multas de até três milhões de reais, nos termos do art. 57 do CDC.

Os piores setores são empresas de telefonia, cartão de crédito, bancos, internet, TV por assinatura, planos de saúde e concessionárias de serviço público que não têm concorrência alguma (como luz, água, esgoto, transporte).

Outros setores, especialmente o varejo de alimentação, seriam mais receptivos às reclamações, estimulando a busca do entendimento direto. Os consumidores sentem-se mais protegidos quando podem solucionar o problema diretamente com o fornecedor. O setor de alimentos como um todo é considerado como o que mais respeita o consumidor, resolvendo as reclamações com mais rapidez e eficiência.

- Telefônica é uma empresa onde quase todo mundo tem problema(SP, Procuraram a Justiça).
- Celular, quando você vai comprar eles atendem numa agilidade... Quando você vai reclamar, eles nem querem atender (SP, Não procuraram a Justiça).
- Uma vez eu comprei um pacote de bolachas que veio sem o principal que é o recheio. Eu liguei para a empresa de biscoitos, reclamei e depois de três dias eles entregaram na minha casa uma cesta cheia de produtos. Inclusive com a bolacha que eu havia comprado, e com recheio (SP, Não procuraram a Justiça).
- É engraçado, na hora de vender te oferecem um cafezinho, mas na hora que dá um problema e você vai reclamar todo mundo te olha meio torto e você vai esperar uma hora, duas horas (SP, Não procuraram a Justiça).
- Comigo aconteceu um caso assim, comprei numa loja uma geladeira e deu defeito em dez dias e aí eu voltei para reclamar na loja, conversei justamente com o vendedor que me vendeu o produto e ele foi muito negligente comigo, disse vai ali, cheguei lá e disseram você tem que fazer assim e assim, não me deu a atenção que precisava e depois pediram para voltar em dois dias para a gente ver, depois disse "liga na assistência técnica". Foi uns quinze dias nisso e para resolver a situação demorou quase um mês para eu receber de volta a geladeira sem defeito, passei um mês brigando sem geladeira em casa porque ela deu defeito e se eu continuasse usando iriam dizer que era culpa minha... (SP, Não procuraram a Justiça).

É interessante observar que, quando a nova classe média fala em reivindicar direitos do consumidor, tende a se referir em primeiro lugar à relação entre comprador e fabricante ou distribuidor, e secundariamente à relação de consumo entre usuários e prestadores de serviços públicos, mesmo que muitos já tenham tido problemas com estes últimos. Portanto, os direitos mais lembrados dizem respeito à troca de produtos. Isso ocorre em grande parte em virtude de terem ascendido à nova condição socioeconômica pela via do consumo de eletrodomésticos e eletroeletrônicos.

No entanto, a dinâmica de grupo mostra que as prestadoras de serviços essenciais também são origem de numerosos exemplos de desrespeito ao consumidor. A insatisfação com estas empresas é grande e a sensação de impotência é maior, uma vez que o consumidor não pode punir as empresas trocando de fornecedor.

Além dos produtos, os principais exemplos de experiências pessoais negativas relacionadas com direitos do consumidor envolvem problemas com planos de telefonia fixa e celular (especialmente cobranças indevidas), planos de saúde, bancos, provedores de internet e TV.

- Água, luz, telefone, tudo dá problema (RJ, Procuraram a Justiça).
- Cartão de crédito respeita até o momento que você compra o produto ou assina o contrato (RJ, Não procuraram a Justiça).
- Plano de saúde. Fica a briga entre o plano e o hospital e você fica ali no meio (RJ, Procuraram a Justiça).
- Se for falar do serviço público, a gente paga, mas não tem direito a hospital decente, a transporte público decente (RJ, Não procuraram a Justiça).
- A própria telefonia, você primeiro tem de pagar para depois reclamar. Eu acho que se você pagar, você aceita. Em tudo eles ameaçam você com o SPC (RJ, Procuraram a Justiça).
- Telefonia é a pior de todas, demora tanto que você desiste (RJ, Procuraram a Justiça).
- Ligar para a operadora de telefone, você fica quinze minutos para conseguir falar (RJ, Não procuraram a Justiça).
- Se você liga para o telemarketing para reclamar vai esperar horas com aquela musiquinha, e aí a ligação cai no meio. Eles deveriam ligar para você de volta (RJ, Não procuraram a Justiça).
- As que sofrem concorrência respeitam mais (RJ, Procuraram a Justiça).
- Acho que o comércio respeita mais. Mesmo que não respeite, você bate de frente e consegue (RJ, Não procuraram a Justiça).
- Nessa onda de calor, todo mundo ligava o ar-condicionado e ficamos quase dois meses para trocar o transformador, e a atendente disse que era só não ligar o ar--condicionado (RJ, Procuraram a Justiça).
- Empresas que não têm concorrência deixam como está (RJ, Procuraram a Justiça).

O consumidor da nova classe média ressente-se um pouco das empresas quando as procuram para reclamar, dizendo que a maioria delas dispensaria tratamento diferenciado de acordo com o perfil do cliente: quanto mais alto o nível econômico, melhor o tratamento dispensado. Com isso, muitos revelam que não reclamam por vergonha de se exporem, medo de humilhação e indignação, acreditando que os menos favorecidos nunca têm vez. A estes argumentos emocionais somam-se argumentos racionais, como a falta de tempo e a relação custo x benefício, pesando mais a necessidade de trabalhar, de garantir a sobrevivência e a capacidade de consumo.

2.4 Percepções sobre Procon e Judiciário

O Procon goza de grande credibilidade perante estes consumidores. Os que já procuraram a instituição afirmam que a situação foi resolvida, e acreditam que o Procon inspira respeito e certo receio junto aos fornecedores, que preferem não se ver envolvidos em "processos" com o órgão e não querem figurar nas listas dos mais reclamados, optando pelo acordo. De modo específico, a imagem do Procon é mais positiva em São Paulo do que no Rio de Janeiro.

Em São Paulo, é considerado o caminho mais eficaz, rápido e fácil de buscar auxílio sobre os direitos do consumidor quando comparado com a Justiça comum. Seria um segundo estágio na busca de resolução do problema (ou seja, após tentar conversar na loja e com o fabricante). É de conhecimento de todos ser um órgão público e específico para tratar de assuntos de consumo.

O Procon é visto como sinônimo de proteção aos direitos do consumidor, mas entendem que nem sempre é a melhor opção, pois ele não pune as empresas nem dá a possibilidade de os consumidores pleitearem danos morais.

Quanto à natureza da instituição, os participantes acreditam que se trata de um órgão público, mas não conseguem definir a que esfera de governo está ligado.

- O Procon faz o papel que eu não posso fazer: ele liga para a empresa e cobra uma solução com prazo para resolver (SP, Procuraram a Justiça).
- Acredito que seja um órgão público. Mas não sei qual é a esfera do governo (RJ, Procuraram a Justiça).
- É parte da Justiça (RJ, Procuraram a Justiça).
- O Procon é um órgão público que serve para atender os direitos e deveres do consumidor. O telefone é 1512. E a internet ajuda (RJ, Não procuraram a Justiça).
- É órgão federal, é no Brasil todo (RJ, Não procuraram a Justiça).
- Eles tiram as dúvidas (RJ, Não procuraram a Justiça).
- A imagem é positiva, eles ajudam (RJ, Procuraram a Justiça).
- Eles me encaminharam para a Defensoria Pública (RJ, Procuraram a Justiça).
- Só demorei a ser atendida, mas me explicou (RJ, Procuraram a Justiça).
- Eu fui no Procon e eles me orientaram. Teve as duas primeiras audiências e eles me orientaram a procurar Pequenas Causas (RJ, Procuraram a Justiça).
- É uma parte conciliadora (RJ, Procuraram a Justiça).
- Para esclarecimento, foi válido, mas para mim não adiantou nada na solução do meu problema (RJ, Procuraram a Justiça).

Entre os consumidores que nunca utilizaram o Judiciário em casos de consumo prevalece a visão da instituição como morosa e burocrática, o último *locus* que procurariam para resolver algum problema relacionado aos direitos do consumidor. Alguns acreditam que o Judiciário pode até funcionar, mas, como há muitos recursos, a decisão final pode levar "uma vida".

Os consumidores que recorreram ao Judiciário são mais otimistas, mas também compartilham a percepção de lentidão, valorizam o acolhimento de sua demanda e a segurança de que o caso será resolvido e a empresa será punida ao final.

No entanto, mesmo entre eles essa demora do Judiciário em decidir reforça o sentimento de que no Brasil é difícil lutar por direitos.

Os consumidores que vivenciaram conflitos de consumo, mas não procuraram o Judiciário, mesmo não tendo obtido sucesso na tentativa de negociação com o fornecedor, argumentaram falta de estrutura financeira e de tempo para lutar pelos seus direitos. E essa alegação é reforçada pela descrença na eficiência da Justiça. O custo seria muito alto para um retorno que não é certo, em um processo desgastante e demorado. Esse segmento prefere mesmo abrir mão de seus direitos, resignando-se.

- É muito difícil utilizar a Justiça, é muito demorado (SP, Procuraram a Justiça)
- Os próprios advogados te desanimam de procurar a Justiça. Eles mesmos dizem: "é difícil, vai demorar" (SP, Procuraram a Justiça).
- O volume de processos é muito grande e não tem infraestrutura (SP, Procuraram a Justiça).
- Os processos na Justiça têm a ação, depois as partes recorrem, e às vezes você não tem tempo de ficar acompanhando isso tudo. Dificulta muito dar continuidade (SP, Não procuraram a Justiça).
- Muitas vezes sai mais caro tentar ir atrás de consertar o que estragou do que comprar um novo. Se o fabricante é lá na Zona Franca de Manaus, você tem de pagar um Sedex, demora vinte dias, um mês, isso tudo dificulta (SP, Não procuraram a Justiça).
- A burocracia é tão grande que não compensa ficar esperando (SP, Não procuraram a Justiça).
- Eu tive de esperar muito para resolverem o problema da minha geladeira. Fiquei um mês sem geladeira esperando que o fornecedor resolvesse me dar a peça que já veio estragada. Foi desgastante, mas fazer o quê? (SP, Não procuraram a Justiça).

O segmento que buscou o Judiciário foi movido principalmente por um sentimento não apenas de ressarcimento, mas de punição. Uma forma de compensar o desrespeito sofrido e não apenas sanar um prejuízo.

Esse consumidor contatou a empresa e muitas vezes tentou o Procon e não conseguiu acordo. E sua ida ao Judiciário é o último recurso, e movida não apenas pela reparação dos danos financeiros, mas também do dano moral. "Entrar na justiça" é buscar o amparo do Estado, e ser ouvido pelo juiz é ser valorizado e reconhecido como cidadão.

- Acho que é morosa, mas funciona (RJ, Procuraram a Justiça).
- É lenta, são tantos casos, é preciso ter paciência (RJ, Procuraram a Justiça).
- Demora, mas resolve (RJ, Procuraram a Justiça).
- O chato é que você ganha, mas a empresa tem direito de recorrer (RJ, Procuraram a Justiça).

- No meu caso, ele era o dono do curso e não pagou, disse que não tinha dinheiro. A Justiça tinha de fazer ele vender um computador e me pagar. É isso que eu espero (RJ, Procuraram a Justiça).
- O Judiciário força o estabelecimento a ser mais honesto (RJ, Procuraram a Justiça).
- É para ir só em último caso, porque demora muito (RJ, Não procuraram a Justiça).
- A imagem é de lentidão (RJ, Não procuraram a Justiça).
- Você entra, ganha, mas recorrem (RJ, Não procuraram a Justiça).
- No Juizado de Pequenas Causas tem um advogado para atender (RJ, Não procuraram a Justiça).
- O brasileiro é um povo acomodado, quando fala de ir a um órgão público para reclamar, já diz que vai demorar (RJ, Procuraram a Justiça).
- Meu pai tem causas trabalhistas com mais de vinte anos, é muito lento, por mais que ele faça a parte dele, é muito lento (RJ, Procuraram a Justiça).
- Só quando acontece com a gente é que corremos atrás (RJ, Procuraram a Justiça).
- Aos poucos a gente vai caminhando, e quando dói no bolso a gente vai (RJ, Procuraram a Justiça).
- Seria melhor se fosse mais fácil resolver (RJ, Não procuraram a Justiça).
- Eu soube de muitos casos que a pessoa entrou na Justiça, estava correto e o juiz não deu (RJ, Não procuraram a Justiça).

Quando ir ao Procon e quando buscar o Judiciário? A percepção é de que o Procon é a primeira porta de defesa dos direitos do consumidor quando a conversa com a empresa não funciona. Já o Judiciário resolveria quando não há mais a quem recorrer. A maioria dos entrevistados entende que procurar o Procon é um estágio anterior à procura da Justiça, mas podem ser passos de um mesmo caminho.

Para a maioria o Procon é considerado "o caminho amistoso, do acordo", e o Judiciário, "o caminho da disputa".

Em geral, podemos afirmar que a lógica do consumidor da nova classe média é de buscar o Procon quando não conseguiu acordo com o fornecedor, em casos mais simples, em que os bens ou serviços tenham valores baixos e quando não se sente necessidade de indenização, mas apenas reparação. Por sua vez, a busca pelo Judiciário é mais frequente quando os casos são mais complexos e os valores maiores, muitas vezes quando o Procon não conseguiu acordo e quando o sentimento de indignação é muito alto, sendo tão importante quanto a reparação do dano financeiro, a reparação do dano moral e a punição à empresa que causou tais danos.

Quadro 2. **Diferenças na percepção entre Procon e Judiciário.**

PROCON		Judiciário
Conciliatório	x	Litigioso
Informa e concilia	x	Resolve e pune
Simples	x	Burocrático
Instância prévia	x	Instância definitiva
Menos eficaz	x	Mais eficaz
Mais rápido	x	Mais lenta
Custo zero	x	Pode ser cara

2.5 O que a nova classe média espera das empresas?

A percepção geral é de que as empresas têm deixado muito a desejar quando se trata de respeito ao consumidor. Com isso, estimulamos os entrevistados ao final das discussões a descreverem as características que uma empresa amiga do consumidor deveria ter. As opiniões foram consensuais: os consumidores consideram a empresa ideal não só aquela que atende as suas demandas e reclamações, mas, principalmente, aquela que não dá motivos para reclamações. Entretanto, se os problemas surgirem, a empresa amiga deverá ser solícita para ouvi-las e ágil em repará-las.

A empresa que respeita o consumidor é antes de tudo transparente. Como em um casamento, o consumidor espera um parceiro sincero, atencioso, respeitoso e disposto a assumir e corrigir eventuais erros.

Indagados sobre empresas que atendam hoje a estes requisitos, os consumidores tiveram dificuldades de nomeá-las, mas citaram como as mais próximas deste ideal empresas como Petrobras, Natura, Nestlé e Faber Castell – muito mais por associações ao tema da responsabilidade social do que especificamente ao tema dos direitos do consumidor.

Quadro 3. **Características valorizadas e esperadas nas empresas.**

Como é a empresa amiga do consumidor
Clareza na comunicação com o cliente
Acessibilidade para prestar esclarecimentos
Utilização de contratos simples (linguagem de fácil compreensão)
Qualificação dos funcionários
Prestação de informações precisas sobre produtos
Sem burocracia na troca
Respeito aos prazos de entrega
Respeito ao Código de Defesa do Consumidor
Setor específico para atender consumidores que tiveram problemas

Considerações finais

O consumidor da nova classe média sabe que o CDC existe, mas tem pouca familiaridade com ele. Conhece seus direitos a partir da experiência cotidiana, da conversa com amigos e parentes, da internet e da mídia em geral.

Esse conhecimento, no entanto, é limitado, tanto que, quando pensam em situações de desrespeito aos direitos do consumidor, estas estão mais ligadas ao consumo de produtos, ou serviços de telefonia, bancos, internet, TV. Situações como cadeiras apertadas dos aviões, filas nos bancos, superlotação no transporte público são vivenciadas pelos participantes, mas eles não as identificam como direito do consumidor.

A predisposição em reclamar por direitos está associada ao tamanho do prejuízo – é a quantia financeira que mobiliza esse consumidor a procurar solução. O canal buscado é sempre o fornecedor inicialmente, com exceção das empresas de telefonia que já caíram em descrédito junto a este público. Quando o fornecedor do produto ou serviço não atende a reivindicação do consumidor, a opção pelo Judiciário é mais comum entre os que já esgotaram outros caminhos, ou buscam mais do que a reparação dos danos financeiros, também a reparação de danos morais. Os que estão mais dispostos a enfrentar a lentidão da justiça são os que estão bastante indignados e anseiam por uma punição.

Nas situações em que o prejuízo financeiro não é tão grande é o nível de indignação e informação do consumidor que os diferencia: os que não conhecem muito seus direitos se sentem revoltados, mas resignados ("o menor sempre perde", "o país não tem jeito", "é muito difícil lutar pelos nossos direitos", são expressões comuns neste grupo). Outros, por seu turno, conhecem seus direitos, mas não reclamam, ou argumentam vergonha de se exporem ou falta de tempo para correrem atrás.

Um aspecto que desperta nossa atenção é a ausência de problematização na fala destes consumidores sobre as implicações do crédito e da necessidade de consumo consciente. Temas como crédito e compras por impulso e juros, planejamento orçamentário e responsabilidade ao consumir não apareceram nas discussões. Esse é um ponto que merece atenção do ponto de vista da educação para o consumo, prevista no CDC.

Há ao contrário referência ao comodismo do brasileiro e esse comportamento parece não incomodar os entrevistados, que se posicionam mais como consumidores passivos do que ativos. Espera-se da empresa que se comporte como amiga do consumidor, e do Estado, uma proteção. No entanto, a busca por informação não é ressaltada como dever do consumidor.

O Código está maduro, o consumidor da classe média sabe de sua existência, mas é preciso repensar as formas de divulgação e a implementação de estratégias de educação para o consumo direcionadas a esse público. É preciso trabalhar uma linguagem e estratégias mais acessíveis, promover campanhas de conscientização na escola, divulgação via internet e na mídia, principais canais de informação utilizados por esse público.

Referências

CETELEM. Disponível em: <http://www.cetelem.com.br/portal/Sobre_Cetelem/Observador.shtml>.

CRUZ NETO, O.; MOREIRA, M. R.; SUCENA, L. F. M. Grupos focais e pesquisa social qualitativa: o debate orientado como técnica de investigação. In: Encontro da Associação Brasileira de Estudos Populacionais. 13., ABEP, 2002, Ouro Preto. Disponível em: http://www.abep.nepo.unicamp.br/docs/anais/pdf/2002/Com_JUV_PO27_Neto_texto.pdf. Acesso em: 8 jul. 2011.

OLIVEIRA, Fabiana Luci de. Movilidad social y económica en el Brasil. ¿Una nueva clase media?. In: FRANCO, Rolando; HOPENHAYN, Martín; LEÓN, Arturo. *Las clases medias en América Latina*: retrospectiva y nuevas tendencias. Argentina: Siglo XXI, 2010.

POSCHMAN, Marcio et al. *Atlas da nova estratificação social no Brasil*: classe média, desenvolvimento e crise. São Paulo: Cortez, 2006. v. 1.

PRAHALAD, C. K. Casas Bahia, *fulfilling a dream*, 2005. Disponível em: <http://www.bus.umich.edu/FacultyResearch/ResearchCenters/ProgramsPartnerships/IT-Champions/Casas%20Bahia.pdf>.

SINDEC/MJ. Disponível em: <www.mj.gov.br/dpdc>.

3

Notas sobre relações de consumo e comércio eletrônico

CARLOS AFFONSO PEREIRA DE SOUZA
RACHEL MARQUES GUITTON

Introdução

A evolução das modernas tecnologias de informação e comunicação (TICs) tem na internet o seu principal exemplo de elemento transformador das relações sociais. Atingindo uma parcela cada vez maior de pessoas, a expansão da internet reinventa práticas sociais, inclusive de consumo, com velocidade que frequentemente desafia o seu tratamento pelo Direito.

Se por um lado a rede mundial de dispositivos conectados pode ser vista como um impulso inédito para a produção e o acesso a conteúdo informativo, essa mesma rede pode ser analisada como uma plataforma inovadora para o desenvolvimento de atividades comerciais, nas quais produtos e serviços serão oferecidos ao consumidor.

Logo de início o caráter internacional, a velocidade das transações, o grau de informalidade, o desconhecimento sobre questões técnicas e a amplitude de oportunidades podem assustar e conduzir os estudos sobre o tema à conclusão fácil de que nenhuma regulação do comércio eletrônico seria impossível. A chamada "Declaração de Independência do Ciberespaço", elaborada por John Perry Barlow nos anos 90 do século passado, de certa forma permanece como símbolo de uma perplexidade sobre a regulação das modernas tecnologias, mas que gradativamente cedeu espaço ao esforço de construção de um regime que permite guiar o Direito para as relações travadas na rede mundial de dispositivos conectados.

A desmaterialização das relações contratuais e o crescimento do comércio eletrônico trazem inúmeras vantagens para o consumidor, desde a oferta não limitada ao espaço físico do estabelecimento comercial até o acesso a bens vendidos em outros países. Todavia, é importante compreender que existem riscos e danos ao consumidor que não podem passar desapercebidos pelo Direito.

Os quase 70 milhões de usuários de Internet no Brasil[1] são, com o desenvolvimento econômico e o avanço da inclusão digital, potenciais consumidores de produtos e serviços que podem ser contratados por meio do comércio eletrônico. Esses consumidores, por sua vez, precisarão compreender as peculiaridades da comunicação realizada mediante a internet. Esse desafio passa tanto por uma capacitação de quem contrata como pelo dever do fornecedor de esclarecer as condições do negócio em atenção à vulnerabilidade própria das relações de consumo.

Como toda nova forma de expressão das relações sociais, o acesso e o domínio dos recursos oferecidos pela internet são desenvolvidos por meio de movimentos de constante inovação e aprendizado. Nesse sentido, o fortalecimento do comércio eletrônico no Brasil e o avanço na sua respectiva regulação dependem em grande parte do grau de confiabilidade que o comércio eletrônico logrará alcançar, buscando sempre um equilíbrio entre inovação tecnológica e proteção dos direitos do consumidor.

Ao se pensar dessa forma pouco interessaria o desenvolvimento de uma rede de comunicação avançada que ignorasse garantias básicas conquistadas pelos consumidores e refletidas nas legislações nacionais e internacionais. Ao mesmo tempo seria igualmente frustrante estagnar o progresso tecnológico da rede por causa de questionamentos – que sempre existirão – sobre como melhor tutelar os interesses dos consumidores em novo cenário para o desenvolvimento das relações comerciais.

Alguns aspectos do comércio eletrônico fomentam essa percepção de que a confiança é elemento fundamental para o seu fortalecimento. Existe uma natural relutância dos consumidores em utilizar novas tecnologias quando não se compreende – ou não se é informado devidamente – sobre como os seus dados pessoais serão coletados, armazenados e tratados no ambiente digital, sobre qualidades do próprio objeto do contrato, dado que não se pode examiná-lo da mesma forma à qual se está acostumado em compras no estabelecimento físico, além de eventuais indagações sobre características técnicas da prestação de vários serviços oferecidos na internet.

Por isso o presente trabalho, a partir de pesquisas recentes, busca apresentar algumas notas que contribuem para formar um panorama das relações de consu-

---

1. Segundo dados da ComScore, existiam 73 milhões de usuários de internet no Brasil em maio de 2010. A pesquisa abrange um universo que inclui pessoas a partir de 6 anos de idade. Desse total, 40,7% estiveram ativos em maio de 2010, sendo 11,9% com idade entre 6 e 14 anos e 56,1% com idade entre 15 e 34 anos.

mo no comércio eletrônico nacional. Procura-se assim melhor entender os hábitos de consumo e como os usuários da internet se valem dela para fazer valer os seus direitos e adquirir produtos e serviços *on-line*. Em seguida serão analisados alguns aspectos jurídicos relevantes, com destaque para a formação do contrato e peculiaridades da oferta realizada na internet.

3.1 O consumidor no comércio eletrônico brasileiro

O crescimento do comércio eletrônico brasileiro tem sido indicado sucessivamente pelas pesquisas realizadas pelo Centro de Estudos sobre as Tecnologias da Informação e da Comunicação no Brasil (Cetic).[2] Em 2010, por exemplo, percebe-se o aumento no número absoluto de consumidores identificados pela pesquisa, tendo 880 mil pessoas a mais declarado terem realizado alguma compra pela internet em comparação ao resultado da pesquisa concluída em 2008.

Historicamente, as pesquisas do Cetic apontam para o crescimento no volume de compras de produtos e serviços realizados *on-line*. No ano de 2008 esse volume aumentou três pontos percentuais (de 16% para 19%), mantendo o mesmo percentual de crescimento de 19% em 2010. Além disso, a consulta à internet para fins de comparação de preços e busca de serviços subiu quatro pontos percentuais, passando de 46% em 2008 para 50% em 2010, consolidando o papel da rede na relação de consumo, mesmo que a conclusão da compra não se dê necessariamente pela internet.

Nesse sentido, 50% dos entrevistados declararam ter buscado se informar sobre preços de mercadorias e serviços pela *web*. Na área rural, o número cai para 31% dos entrevistados, contudo esse percentual revela que, mesmo nas regiões onde a frequência do uso da internet é menor e a proporção dos que compraram pela web é ainda baixa, a pesquisa de preços é uma atividade que atinge quase um terço dos internautas.

A consulta à internet como ferramenta de comércio eletrônico tem início desde a comparação de preços de mercadorias e serviços até a finalização do processo de compra, incluindo consultas a portais de reclamações sobre a qualidade dos produtos e serviços prestados. Entre as etapas que envolvem um processo de compra, a comparação de preços é sabidamente um importante instrumento utilizado pelo consumidor. A pesquisa da Cetic de 2010 revela que 66% dos entrevistados da classe B e cerca de 82% dos entrevistados identificados como classe A indicaram ter utilizado a rede para fazer pesquisa de preços. Esses percentuais demonstram que nas classes com mais recursos financeiros a compra de produtos e contratação de

---

2. Pesquisa sobre o Uso das Tecnologias da Informação e da Comunicação no Brasil – TIC Domicílios, realizada em todo o território nacional pelo Centro de Estudos sobre as Tecnologias da Informação e da Comunicação no Brasil (Cetic.br), do Núcleo de Informação e Coordenação do Ponto BR (NIC.br), braço executivo do Comitê Gestor da Internet no Brasil (CGI.br). O relatório da pesquisa de 2010 está disponível em: <http://www.cetic.br/tic/2010/index.htm>.

serviços são frequentemente precedidas da consulta de preços pela internet.

Segundo pesquisa realizada pela Câmara Brasileira de Comércio Eletrônico, os consumidores são atraídos para as compras *on-line* em busca de melhores preços, variedade e comodidade.[3] No entanto, a conclusão desse processo de compra depende de vários outros aspectos, como a segurança da transação e a disponibilidade de entrega na região do usuário. Essas informações demandam uma maior atenção por parte do consumidor a fim de evitar riscos, como o não recebimento do produto, defeitos, erros e mudanças no momento da conclusão do negócio, impedimento ou dificuldade de arrependimento, uso indevido de senhas e dados pessoais, recebimento de publicidade indesejada e outros mais.

Esses dados reforçam a necessidade de trabalhar o fator de confiança do consumidor no meio pelo qual a relação é estabelecida com o fornecedor, sendo este em grande parte responsável por criar esse ambiente seguro e facilitador da contratação, sem descuidar dos direitos do consumidor. É ainda o fornecedor o maior interessado nesse cenário, pois com o incremento da confiança[4] é provável que os usuários da rede passem a consumir mais produtos e contratar mais serviços por meio da internet.

Em 2010, com o crescimento do comércio eletrônico aqui apontado e o aumento da renda média do brasileiro e do nível de emprego, era de esperar que a eficiência das práticas comerciais – sobretudo de entrega dos produtos – desempenhadas pelos fornecedores fosse testada. Diversos episódios demonstraram que, ainda que não de forma disseminada, alguns dos principais fornecedores apresentaram dificuldades para atender o volume de compras realizadas pelos consumidores brasileiros na internet. Segundo a Fundação Procon de São Paulo, o número de reclamações envolvendo comércio eletrônico aumentou 52% em comparação com o ano anterior. No segundo semestre, que concentra a maior parte das compras, o número de reclamações teria dobrado em relação ao número obtido em 2009.[5]

Para compreender o desenvolvimento do comércio eletrônico no Brasil, e comentar sobre os rumos que ele poderá seguir, faz-se necessário entender como o

---

3. As vendas pela internet devem crescer 40% em 2010, na estimativa da Câmara Brasileira de Comércio Eletrônico (Câmara-e.net). Conforme pesquisa realizada para matéria publicada na revista *Época*. Os cuidados na hora de fazer uma compra coletiva. Disponível em: <http://revistaepoca.globo.com/Revista/Epoca/0,,EMI197703-15259,00.html>. Acesso em: 28 mar. 2011.
4. As pesquisas realizadas pelo Cetic identificam que a proporção de pessoas que tiveram problemas ao adquirir produtos pela rede é relativamente baixa. Do total de internautas que adquiriram produtos e serviços via internet, 11% declararam ter experimentado algum tipo de problema no processo, por exemplo, tempo de entrega maior que o indicado ou entrega de produto avariado. Essa proporção se mostra maior em relação ao dado de 2006 (9%), estável em relação ao dado de 2007 (10%) e maior do que o dado de 2008 (8%).
5. Conforme informação prestada pelo Procon/SP para matéria publicada na revista *Época*. Deu pau nas entregas. Disponível em: <http://revistaepoca.globo.com/Revista/Epoca/0,,EMI221175-15259,00-DEU+PAU+NAS+ENTREGAS.html>. Acesso em: 1º abr. 2011.

consumidor lida com esse ambiente e em que medida as particularidades da rede podem ser usadas a favor de um fortalecimento dos direitos do consumidor, e não como forma de agravar a sua vulnerabilidade.

Uma importante pesquisa[6] realizada pelo Centro de Justiça e Sociedade, da Escola de Direito da Fundação Getulio Vargas, ajuda a esclarecer esse ponto. Segundo os resultados obtidos pela pesquisa, 36% dos brasileiros declaram-se usuários da internet, utilizando a rede mais de uma vez por semana.

Do universo de entrevistados, 19% responderam ter efetivamente comprado algo pela internet nos últimos 12 meses. A maior proporção daqueles que compraram produtos e serviços, correspondente a 38% dos entrevistados, é integrante da classe A, 23% da classe B e 16% da classe C.

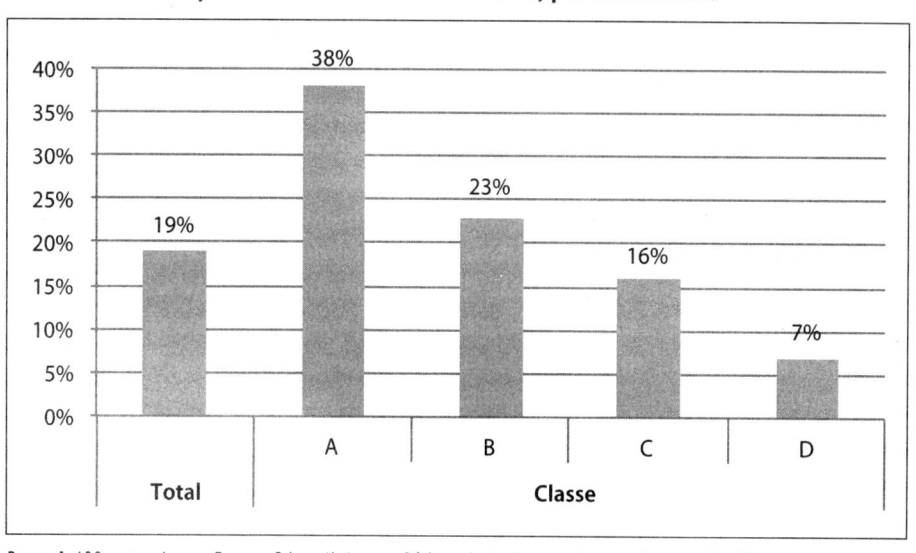

Figura 1. **Proporção de indivíduos que compraram produtos ou serviços pela internet nos últimos 12 meses, por classe social.**

Base: 1.400 entrevistas. Fonte: O brasileiro e o Código de Defesa do Consumidor, CJUS, 2011.

Dentre aqueles que declaram conhecer ou ter alguma familiaridade com os direitos do consumidor, apenas 21% compraram algo nos últimos 12 meses. A classe B é a que compra a maior variedade de produtos na internet, totalizando 48,4% do universo de usuários entrevistados, seguida da classe C com 40% dos consumidores da rede. Os equipamentos eletrônicos são os artigos mais procurados por

---

6. Pesquisa realizada em fevereiro de 2011 pelo Centro de Justiça e Sociedade, da Escola de Direito do Rio de Janeiro da Fundação Getulio Vargas (FGV). Para a apuração dos dados quantitativos, foram entrevistadas 1.400 pessoas acima de 18 anos nas áreas urbanas de todas as regiões do País. A amostra seguiu o perfil da população brasileira, conforme os dados da última Pesquisa Nacional por Amostra de Domicílio (PNAD 2009). A margem de erro é de 2%. Também foram realizados quatro grupos de discussão focal com 40 consumidores nas cidades do Rio de Janeiro e São Paulo.

41% dos usuários, bem à frente dos 30% dos eletrodomésticos, 23% com livros,[7] revistas ou jornais.

Figura 2. **Produtos e serviços mais comprados ou encomendados pela Internet nos últimos 12 meses.**

Produto/Serviço	%
Equipamentos eletrônicos	41%
Eletrodomésticos	30%
Livros, revistas, ou jornais	23%
Roupas, calçados, material esportivo e acessórios	18%
Computadores e equipamentos de informática	18%
Viagens (reservas de avião, hotel, etc.)	7%
Filmes, música, ring tone	5%
Medicamentos	4%
Software	3%
Ingresso para eventos	3%
Jogos de computador ou videogame	2%
Comida / Produtos alimentícios	2%
Ferramentas / maquita	2%
Serviços financeiros, seguros	1%
Flores	1%
Móveis	1%
Aparelhos de precisão / aparelho de pressão	1%
Loterias e Apostas	1%
Produtos automobilísticos	1%
Papelaria	1%

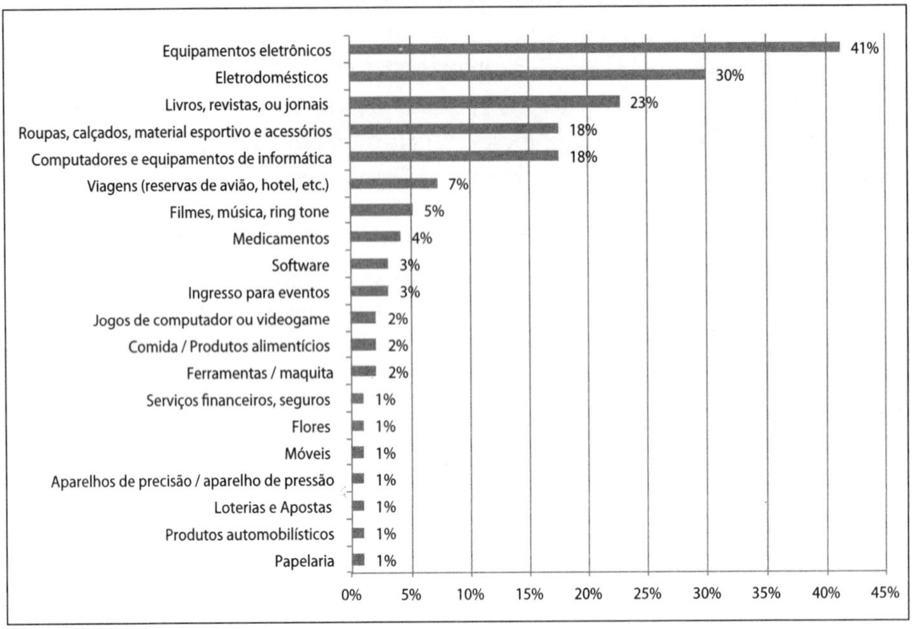

Base: entrevistados que compraram algo pela internet nos últimos 12 meses.
Fonte: O brasileiro e o Código de Defesa do Consumidor, CJUS, 2011.

Apesar do grande sucesso do comércio eletrônico, muitos usuários afirmam terem sofrido algum problema ao realizar uma compra na internet. No entanto, entre os consumidores que contratam produtos e serviços *on-line*, apenas 9% declaram ter utilizado ferramentas disponíveis na rede para reclamar seus direitos, seja por meio de redes sociais, como Orkut ou Facebook, seja em sites especializados na defesa dos direitos do consumidor.[8]

Ademais, apenas 40% dos consumidores sempre adotam alguma medida de segurança quando realizam suas compras na internet ao consultarem a política da empre-

---

7. Uma das áreas que se reinventaram com o comércio eletrônico foi o comércio de livros. A Livraria Cultura, uma das líderes de mercado, informa que registra um aumento anual de cerca de 50% nas vendas pela web. Hoje, segundo a empresa, 18% do faturamento vêm de vendas de livros pela rede. "Até a chegada da internet, era difícil o acesso a livros em muitas partes do país", diz Pedro Herz, presidente da Cultura. "Num país onde não há bibliotecas suficientes, a expansão da internet facilita o acesso dos leitores aos livros" (Conforme pesquisa realizada para matéria publicada na revista *Época*. Disponível em: <http://revistaepoca.globo.com/Revista/Epoca/0,,EMI57212-15259-1,00-+BRASIL+QUE+CRESCE+E+PROSPERA.html>. Acesso em: 25 mar. 2011.
8. Disponível em: <http://direitorio.fgv.br/sites/direitorio.fgv.br/files/PesquisaCDCCJUS.pdf>. Acesso em: 16 set. 2011.

sa sobre trocas e devoluções dos produtos, verificando a existência de endereço físico da empresa, o certificado de segurança do site e se existem reclamações sobre aquela.

Figura 3. **Proporção de indivíduos que adotam alguma medida de segurança ao realizar suas compras pela internet.**

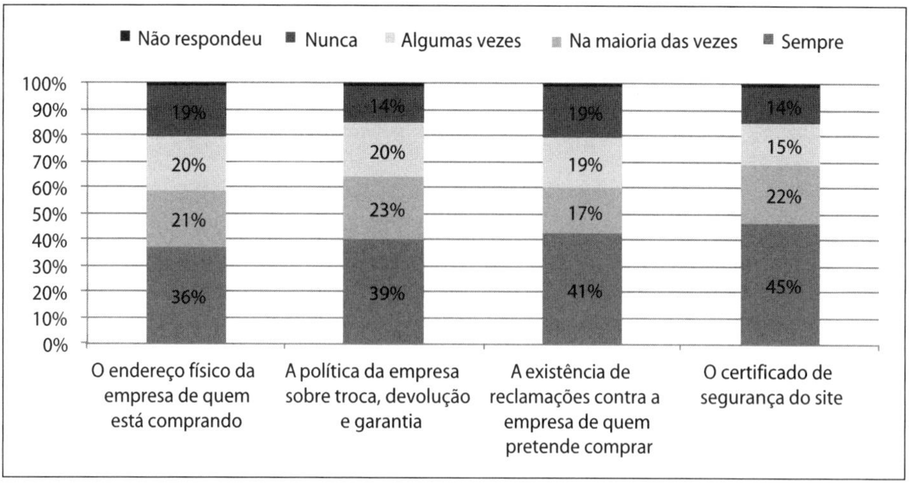

	Não respondeu	Nunca	Algumas vezes	Na maioria das vezes	Sempre
O endereço físico da empresa de quem está comprando	36%	21%	20%	19%	
A política da empresa sobre troca, devolução e garantia	39%	23%	20%	14%	
A existência de reclamações contra a empresa de quem pretende comprar	41%	17%	19%	19%	
O certificado de segurança do site	45%	22%	15%	14%	

Base: entrevistados que compraram algo pela internet nos últimos 12 meses.
Fonte: O brasileiro e o Código de Defesa do Consumidor, CJUS, 2011.

Uma das razões que inibem os usuários a realizarem transações na Internet é o receio de fornecerem informações pessoais ou de usarem o cartão de crédito pela internet. Para que o consumidor tenha a devida proteção e confiança na realização dos negócios eletrônicos, são necessários esforços que digam respeito à reconstrução da transparência neste meio, com maiores informações tanto sobre o preço como sobre as condições gerais contratuais, além de elementos que possam esclarecer detalhes técnicos relevantes para o consumidor sobre como a transação será concluída.

Adicionalmente, e visando sempre o aumento do nível de segurança do consumidor e a presteza da relação estabelecida, é importante que o fornecedor invista em medidas de segurança de forma a estimular o consumidor informado a utilizar o recurso da rede para a contratação de produtos e serviços dos mais diversos.

Conforme bem aponta Cláudia Lima Marques, a jurisprudência brasileira em relação ao Código de Defesa do Consumidor consolidou nos últimos anos a exigência de transparência (art. 4º do CDC) e informações qualificadas (arts. 12, 14, 18, 20, 30, 31, 33, 46, 48, 52 e 54 do CDC) nas relações de consumo a distância e nos serviços bancários, financeiros e de crédito.[9] Dessa forma, a inclusão das prá-

---

9. Marques, Cláudia Lima. *Confiança no comércio eletrônico e a proteção do consumidor*: um estudo dos negócios jurídicos de consumo no comércio eletrônico. São Paulo: RT, 2004. p. 241-242.

ticas do comércio eletrônico nesse arcabouço jurisprudencial se torna uma questão que paulatinamente se aperfeiçoa, construindo um sistema de relações transparentes em que as vantagens de se comprar pela rede superam as eventuais incertezas e desconfianças que usualmente são geradas com o desenvolvimento e a popularização do recurso à nova tecnologia.

3.2 A proteção da confiança e o princípio da boa-fé objetiva nos contratos de consumo eletrônicos

A proteção da confiança é fundamental em toda espécie de contrato de consumo, mas ela desempenha papel fundamental naquelas modalidades de aquisição de produtos e contratação de serviços nas quais o aspecto de vulnerabilidade – sobretudo técnica – se avulta. É justamente nesse cenário que o comércio eletrônico brasileiro precisa conciliar os avanços experimentados pelos modelos de negócio e pela tecnologia em si com a necessidade de se tutelarem os direitos do consumidor.

O princípio da boa-fé objetiva nesse sentido desempenha uma função relevante para conduzir as práticas comerciais na direção do mencionado equilíbrio entre inovações tecnológicas e garantia dos interesses titularizados pelos consumidores. Esse princípio, aplicado à luz dos preceitos do Código de Defesa do Consumidor e do próprio Código Civil, direcionaria o comportamento do fornecedor para um agir mais cuidadoso, informativo e transparente. Da mesma forma, atingindo também o consumidor, o princípio da boa-fé auxilia na compreensão das condutas desempenhadas por ele.

3.2.1 Contornos da boa-fé objetiva

A boa-fé tradicionalmente figura como elemento dos estudos jurídicos quando se deve investigar se o indivíduo possui ou não ciência sobre uma determinada condição, por exemplo, se o indivíduo conhece, ou não, um vício que macula a sua posse sobre determinado terreno. Essa perspectiva da boa-fé convencionou-se denominar boa-fé subjetiva.

Existe, todavia, uma outra forma de atuação da boa-fé no direito brasileiro, denominada boa-fé objetiva, a qual foge de qualquer ilação sobre um estado de espírito do agente para se fixar em uma análise voltada para critérios estritamente objetivos. É justamente essa modalidade de boa-fé que interessa para a análise dos comportamentos, tanto do fornecedor como do consumidor, nos contratos eletrônicos.

É comum delimitarem-se três funções típicas desempenhadas pela boa-fé objetiva no direito brasileiro. Ela exerce inicialmente um papel de critério para a interpretação da declaração da vontade nos negócios jurídicos. Essa função interpretativa é prevista no art. 113 do novo Código Civil, da seguinte forma:

> *Art. 113. Os negócios jurídicos devem ser interpretados conforme a boa-fé e os usos do lugar de sua celebração.*

Esse dispositivo ganha relevo ao indicar que a primeira função da boa-fé objetiva é dirigir a interpretação do juiz ou árbitro relativamente ao negócio celebrado, impedindo que o contrato seja interpretado de modo a atingir finalidade oposta àquela que se deveria licitamente esperar.

A boa-fé objetiva atua ainda como forma de valorar o abuso no exercício dos direitos subjetivos, conforme consta do art. 187 do Código Civil:

> *Art. 187. Também comete ato ilícito o titular de um direito que, ao exercê-lo, excede manifestamente os limites impostos pelo seu fim econômico ou social, pela boa-fé ou pelos bons costumes.*

O abuso do direito é uma figura moderna, construída a partir de decisões judiciais francesas proferidas a partir da metade do século XIX, mas apenas ganharam corpo nas primeiras décadas do século passado. O abuso está inserido no movimento de queda do voluntarismo, ou seja, do predomínio da vontade do titular de um direito como motor absoluto de seu exercício e, por isso, tem servido para evidenciar a funcionalização de uma série de direitos, como a propriedade e os contratos.

A disputa doutrinária sobre a conceituação do abuso do direito é vasta, mas podem-se reduzir os seus termos ao debate atual sobre o abuso como exercício do direito fora da sua função, ou ainda como exercício do direito de maneira a contradizer o valor que ele busca tutelar. Portanto, o abuso do direito representaria uma infração a limites que não estão colocados na existência de direitos de terceiros, mas sim em elementos típicos do próprio direito, como a sua função ou o seu valor.

E, por fim, a boa-fé objetiva é, ainda, norma de conduta imposta aos contratantes, segundo o disposto no art. 422 do Código Civil:

> *Art. 422. Os contratantes são obrigados a guardar, assim na conclusão do contrato, como em sua execução, os princípios de probidade e boa-fé.*

A função desempenhada pela boa-fé objetiva a partir do dispositivo no art. 422 impõe às partes contratantes deveres objetivos de conduta, que não necessariamente precisam constar do instrumento contratual para que possam ser cobrados e cumpridos. Trata-se dos chamados deveres secundários, ou anexos, aos quais todas as partes de um negócio devem manter estrita observância.[10]

---

10. A redação do art. 422 foi determinante para o desenvolvimento da boa-fé objetiva no ordenamento brasileiro, mas isso não significa que esteja isenta de críticas. Muito ao reverso, Antônio Junqueira de

Essa caracterização da boa-fé objetiva como a disposição de deveres de conduta que as partes devem guardar difere frontalmente daquela concepção clássica de boa-fé subjetiva, ligada a um estado psicológico do agente.

Os deveres secundários impostos pelo art. 422 foram gradativamente construídos pela doutrina e pela jurisprudência, podendo-se mesmo falar em quatro deveres básicos: (i) dever de informação e esclarecimento; (ii) dever de cooperação e lealdade; (iii) deveres de proteção e cuidado; (iv) dever de segredo ou sigilo.

Todavia, inúmeras derivações podem surgir desses quatro deveres básicos, como bem explicita Judith Martins-Costa, criando, de forma exemplificativa, deveres como:

> (a) de cuidado, previdência e segurança; [...] de informação, de exponencial relevância no âmbito das relações jurídicas de consumo, seja por expressa disposição legal (CDC, arts. 12, *in fine*, 14, 18, 20, 30 e 31, entre outros), seja em atenção ao mandamento da boa-fé objetiva; [...] os deveres de colaboração e cooperação, como o de colaborar para o correto adimplemento da prestação principal, ao qual se liga, pela negativa, o de não dificultar o pagamento, por parte do devedor.[11]

A imposição desses deveres se reveste de papel fundamental para a ordenação dos contratos na prática, uma vez que se busca, com a sua afirmação, proteger um bem que se encontra na própria essência da contratação: a confiança. Por esse motivo, o enquadramento legal da boa-fé objetiva sempre se mostrará atrelada à tutela da confiança.

O Código de Defesa do Consumidor, por sua vez, também se vale do princípio da boa-fé objetiva para ordenar as relações contratuais de consumo. A própria Política Nacional das Relações de Consumo, conforme definida pelo art. 4º, III, do CDC, tem por princípio a

---

Azevedo afirma que a redação do art. 422 se mostra insuficiente, deficiente e desatualizada perante as exigências da prática contratual moderna. Segundo o autor, o artigo seria insuficiente em sua redação, pois não deixa claro se os seus dispositivos constituem norma cogente ou meramente dispositiva, além de não mencionar as fases pré e pós-contratuais para fins de responsabilização. O artigo seria ainda deficiente por não prever de forma explícita quais são os chamados deveres anexos. E, por fim, o dispositivo seria desatualizado, pois confere poderes desmesurados ao juiz para interferir nas relações contratuais, abrindo possibilidade para incrementar a sobrecarga de processos que impede o regular funcionamento do Poder Judiciário, além de não serem os juízes tradicionalmente preparados para decidir casos nos quais figurem contratos de extrema especialidade técnica. Nesse sentido, menciona o autor, a época atual estaria passando do paradigma do juiz para o paradigma do árbitro (Azevedo, Antônio Junqueira de. Insuficiências, deficiências e desatualização do Projeto de Código Civil na questão da boa-fé objetiva nos contratos. *Estudos e pareceres de direito privado*. São Paulo: Saraiva, 2004. p. 148-158).

11. Martins-Costa, Judith. *A boa-fé no direito privado*. São Paulo: RT, 1999. p. 439.

[...] harmonização dos interesses dos participantes das relações de consumo e compatibilização da proteção do consumidor com a necessidade de desenvolvimento econômico e tecnológico, de modo a viabilizar os princípios nos quais se funda a ordem econômica (art. 170 da Constituição Federal), sempre com base na boa-fé e equilíbrio nas relações entre consumidores e fornecedores.

No tratamento das relações contratuais, o art. 51, IV, do CDC ainda determina que a nulidade de cláusulas que sejam incompatíveis com a boa-fé ou a equidade, compondo assim um retrato da relevância alcançada por esse princípio nas relações de consumo.

A boa-fé objetiva, portanto, é aplicada desde a fase pré-contratual, restringindo a comunicação publicitária e impedindo mecanismos que exploram a assimetria de informações na formulação do contrato resultante da proposta, até o momento de conclusão da relação estabelecida entre fornecedor e consumidor.

Quanto maior a aplicação da boa-fé objetiva nos contratos de consumo eletrônicos, maior a confiança de ambas as partes sobre as regras que ordenam a sua relação e os efeitos que poderão ser derivados de comportamentos constantemente afetados pelo desenvolvimento tecnológico.

Justamente por isso faz-se necessário, ainda que brevemente, esclarecer algumas derivações da boa-fé objetiva e da tutela da confiança nos contratos eletrônicos, com destaque para duas situações presentes em momento ainda inicial da relação de consumo. Trata-se aqui da formação do contrato e do eventual equívoco na formulação da oferta. Em ambas as situações o princípio da boa-fé será fundamental para compreender os deveres impostos às partes contratantes.

3.2.2 A formação do contrato no comércio eletrônico

Uma das celeumas criadas sobre o tema da contratação eletrônica foi a sua submissão ao regime dos contratos entre ausentes. O entendimento de que a contratação eletrônica estaria submetida a essa qualificação está baseado na premissa de que a maioria das transações celebradas por meio do uso da rede mundial de computadores se dá: (i) pelo acesso, por parte do aceitante, à página eletrônica disponível na internet; ou (ii) mediante sucessivas trocas de mensagens eletrônicas (e-mails).

Sendo assim, é plenamente aplicável aos contratos celebrados pela internet o disposto nos arts. 433 e 434 do Código Civil, adequando-se a teoria da expedição para a formação dos contratos eletrônicos. Conforme consta dos mencionados artigos:

> *Art. 433. Considera-se inexistente a aceitação, se antes dela ou com ela chegar ao proponente a retratação do aceitante.*
> *Art. 434. Os contratos entre ausentes tornam-se perfeitos desde que a aceitação é expedida, exceto:*
> *I) no caso do artigo antecedente;*
> *[...]*

Uma peculiaridade das contratações eletrônicas, sobretudo daquelas envolvendo relações de consumo, é o envio de um aviso de recebimento da mensagem que aceita os termos da proposta. Esse aviso possui o efeito de confirmar a contratação e o condão de garantir segurança ao aceitante de que a sua vontade foi manifestada e recebida pela outra parte contratante.

Se por um lado o envio dessa mensagem, independentemente por qual mecanismo (e-mail, sms ou outra forma de comunicação), parece favorável aos interesses do consumidor, é importante aqui destacar que a emissão de aviso de recebimento não deve se confundir com o momento de celebração do contrato.

Nessa direção, um projeto de lei proposto na década passada (PL nº 4.906/2001) tratou da questão do momento da formação do contrato em conjunto com a imposição do dever de ser enviado um aviso de recebimento. O seu art. 26 assim foi redigido:

> Art. 26. Sem prejuízo das disposições do Código Civil, a manifestação de vontade das partes contratantes, nos contratos celebrados por meio eletrônico, dar-se-á no momento em que:
> I – o destinatário da oferta enviar documento eletrônico manifestando, de forma inequívoca, a sua aceitação das condições ofertadas; e
> II – o ofertante transmitir resposta eletrônica transcrevendo as informações enviadas pelo destinatário e confirmando seu recebimento.

A depender da interpretação desse dispositivo, poderia ser alcançada a conclusão de que a transmissão do aviso de recebimento seria o instante de formação do contrato, retirando do consumidor a prerrogativa de formar a avença mediante a expedição de seu aceite. A eventual alteração da dinâmica da contratação entre ausentes poderia ser perniciosa justamente para a consolidação da confiança no comércio eletrônico, dado que, uma vez expedido o aceite, o consumidor tem, em foro íntimo, a convicção de que o produto ou serviço foi adquirido ("foi comprado"). Depender de recebimento de qualquer tipo de aviso ou confirmação, em vez de trazer maior segurança às transações comerciais na internet, terminaria por permitir que bens e serviços não sejam prestados, pois, efetivamente, caso o fornecedor não se manifeste, não há ainda contrato formado entre ambas as partes.

Como se sabe, a partir da formação do contrato, o consumidor é legitimado para exigir o cumprimento da obrigação avençada, ou seja, a entrega do bem ou a prestação do serviço. Por isso deve ser dada atenção ao momento em que o contrato se forma, restando ao contratante frustrado por motivo legítimo recorrer apenas às perdas e danos caso o contrato ainda não tivesse sido formado.

De toda forma parece salutar a prática do fornecedor em confirmar ao consumidor, com presteza, o recebimento de sua aceitação, sempre em prol da maior segurança e transparência das relações de consumo celebradas por meio da rede.

Se por um lado a automatização das comunicações pode acarretar um prejuízo para o consumidor em várias frentes, sobretudo com o estabelecimento de *call centers* automatizados que mais frustram do que esclarecem o cliente, no campo da contratação eletrônica a resposta automatizada ao recebimento do aceite poderia ser implementada sem grandes dificuldades pelos fornecedores, sendo mesmo recomendada em eventuais alterações das leis aplicáveis à contratação eletrônica.

3.2.3 Peculiaridades da oferta de bens e serviços *on-line*

Algumas peculiaridades da contratação eletrônica, sobretudo no que diz respeito à atividade promocional e à caracterização de ofertas vinculantes, merecem destaque para comporem o cenário de aplicação do princípio da boa-fé objetiva no *e-commerce*.

Certos elementos da contratação eletrônica como a distância entre fornecedor e consumidor, a suposta desterritorialidade da contratação e a comunicação das manifestações de vontade por meio dos recursos disponibilizados *on-line* podem tornar mais complexa a sua qualificação jurídica. Todavia, conforme esclarece Ricardo Lorenzetti, a prática negocial de ofertar produtos e serviços pela internet, em seus diversos modos, interativos (*on-line*) e estáticos (por e-mail), é oferta de consumo e o contrato daí resultante, concluído por meio eletrônico e a distância é um contrato de consumo e será regulado pelas normas vigentes de Direito do Consumidor.[12]

O debate a respeito dessa forma de contratação está atrelado à indagação sobre o convencimento e a captação dos consumidores, apresentando a estes condições favoráveis para a aquisição do bem ou serviço ofertado. A publicidade na internet assumiu diversos contornos ao longo da última década, sendo as indagações sobre o envio de publicidade uniforme em massa, sem solicitação de seus destinatários, para o e-mail de consumidores (*spam*), um dos muitos temas que desafiaram múltiplas respostas para seu melhor enquadramento jurídico.

A publicidade na rede assume contornos importantes para a conclusão do contrato do contrato por meio da internet quando a mencionada vulnerabilidade do consumidor é explorada. Portanto, mensagens com falsas informações ou com a omissão de certos dados com intuito de induzir o consumidor ao erro, levando-o à contratação, poderiam ser facilitadas pela vulnerabilidade técnica representada pelo próprio meio pelo qual a publicidade chega ao consumidor.

Nesse sentido, complementa Elsa Dias Oliveira sobre a contratação eletrônica:

> O consumidor, frequentemente, não tem conhecimento nem dos seus direitos nem dos seus deveres; não tem a noção dos métodos de venda utilizados pelos fornecedores, nem capacidade para lhes resistir; não tem conhecimentos suficientes

---

12. Lorenzetti, Ricardo L. *Comércio eletrônico*. São Paulo: RT, 2004. p. 163 e s.

que lhe permitam, perante a proliferação da oferta, decidir em função da relação qualidade/preço.[13]

A publicidade *on-line* constitui um meio de acesso rápido à informação sobre produtos e serviços para os consumidores, oferecendo-lhes a possibilidade de pesquisar antes de tomar a decisão de compra. Representa um convite à contratação, podendo constituir uma oferta na medida em que esta comporta os elementos essenciais do contrato.

Sendo assim, a publicidade em meio eletrônico, que trouxer informações suficientes, constitui uma oferta,[14] vinculando os fornecedores, com base no art. 30 do CDC, que assim dispõe:

> *Art. 30. Toda informação ou publicidade, suficientemente precisa, veiculada por qualquer forma ou meio de comunicação com relação a produtos e serviços oferecidos ou apresentados, obriga o fornecedor que a fizer veicular ou dela se utilizar e integra o contrato que vier a ser celebrado.*

Além do mencionado dispositivo, os arts. 36, 37 e 38 do CDC aplicam-se igualmente ao ambiente do comércio eletrônico, devendo a publicidade ser identificada como tal. A publicidade em meio eletrônico deve se basear nos mesmos parâmetros de boa-fé do Código de Defesa do Consumidor e ter os mesmos efeitos em relação à confiança despertada nos consumidores que a publicidade por outros meios de comunicação de massas.[15]

Ademais, cabe ao fornecedor o dever de prestar informações claras e transparentes, informar sobre as condições e riscos do produto e serviço (arts. 30 e 31 do CDC), possibilitar o acesso aos textos contratuais (arts. 46, 48 e 54 do CDC), confirmar o recebimento da aceitação por parte do consumidor, entre outros. A informação é uma condição para formação do contrato.

Sobre o dever de informar, vale destacar a menção realizada pelo *Forum des Droits sur l'Internet* que ressalta compreender tal obrigação o

> [...] somatório dos elementos de informação fornecidos ao consumidor no período que precede a conclusão do contrato. Ela compreende também certas informações fornecidas em mensagens publicitárias, as ofertas disponíveis *on-line* ou ainda aquelas fornecidas nas condições gerais de contratação ou termos de uso.[16]

---

13. Oliveira, Elsa Dias. *A protecção dos consumidores nos contratos celebrados através da internet*: contributo para uma análise numa perspectiva material e internacional privatista. Coimbra: Almedina, 2002. p. 65.
14. Marques, Cláudia Lima. *Confiança no comércio eletrônico e a proteção do consumidor*: um estudo dos negócios jurídicos de consumo no comércio eletrônico. São Paulo: RT, 2004. p. 165.
15. Idem, ibidem, p. 168.
16. Le Forum des Droits sur l'Internet "Droit de la consommation appliqué au commerce électronique".

Uma outra peculiaridade da oferta de bens e serviços *on-line* é a facilidade com a qual pode o consumidor, ao se deparar com uma oferta evidentemente divulgada de forma errônea (seja no que diz respeito a características do produto ou, mais comumente, com preço bastante inferior ao usualmente praticado), concluir a contratação, chegando até mesmo a receber os produtos dada a velocidade típica do comércio eletrônico.

O Conselho Recursal Cível dos Juizados Especiais do Rio de Janeiro decidiu favoravelmente ao fornecedor em caso no qual o consumidor havia adquirido um *notebook* pelo valor de 100 reais após visualizar oferta veiculada erroneamente na internet. Segundo consta da referida decisão:

> É incontroverso que o produto foi anunciado, para venda no sítio eletrônico da ré, pelo preço de R$ 100,00 (cem reais). Ora, não pode o consumidor, realmente, considerar que o preço do *notebook* era de meros cem reais. O engano na digitação do preço é patente, sem o condão de levar qualquer pessoa a imaginar que o produto seria vendido por esse preço irrisório. [...] Outrossim, viola o princípio da boa-fé objetiva (aplicável tanto aos fornecedores como aos consumidores), pretender a aquisição de produto por preço absolutamente vil, quando é visível o equívoco na propaganda.[17]

O mesmo Conselho Recursal enfrentou em outra decisão caso em que restou evidenciado o abuso por parte do consumidor que comprou uma série de bens ao perceber que a oferta veiculada em site apresentava preços irrisórios para vários produtos eletrônicos. Em tais circunstâncias, o efeito vinculante da oferta cederia espaço para a proibição do comportamento desempenhado pelo consumidor em afronta ao princípio da boa-fé objetiva.

> A publicidade vincula o fornecedor, podendo o consumidor exigir o cumprimento da oferta, na forma do disposto nos arts. 30 e 35 do CDC. Entretanto, no presente caso merece aplicação a interpretação lógico-sistêmica do estatuto consumerista, que prevê, como princípio da política nacional de relações de consumo, a harmonização dos interesses dos participantes das relações de consumo, com base na boa-fé e no equilíbrio nas relações entre consumidores e fornecedores, além da coibição e repressão eficientes de todos os abusos praticados no mercado de consumo (artigo 4º, III e VI).[18]

Publicado em 26/10/2007. Disponível em: <http://www.foruminternet.org/IMG/pdf/reco-conso-20070831.pdf>. Acesso em: 28 jul. 2011.
17. Processo nº 2009.700.070625-5, Juiz Fabiano Reis dos Santos, j. 28/10/2009.
18. Processo nº 2009.700.073271-0, Juíza Christiane Jannuzzi Magdalena, j. 05/11/2009. Acrescentando ainda a proibição do enriquecimento sem causa aos argumentos que impediriam a vinculação da oferta, vide decisão do TJRS, Recurso Cível nº 7100065705, Rel. Maria José Schmitt Sant Anna, j. 31/05/2005.

Em casos como esse mais uma vez o princípio da boa-fé desempenha um papel relevante para esclarecer o desfecho da relação de consumo celebrada por meio da internet, sendo tal princípio utilizado pelos tribunais para compreender se o consumidor, sabendo do claro equívoco, abusou do seu direito, ou se o fornecedor deveria arcar com o ônus uma vez que a oferta vincularia o mesmo ao seu cumprimento.

Considerações finais

As breves notas deste trabalho procuram localizar alguns problemas relacionados à aplicação das normas de proteção do consumidor às contratações celebradas por meio da internet. A partir das pesquisas apontadas em sua parte inicial, percebe-se que o crescimento do comércio eletrônico no Brasil tem impulsionado novos modelos de negócio e engajado novos consumidores que, apoiados pelo avanço da inclusão digital, usam as facilidades da internet a seu favor para contratar melhor e adquirir com mais facilidade bens e serviços de seu interesse.

O futuro dessa discussão passa justamente pelo que se compreende por "contratar melhor". Se é verdade que a rede traz uma série de possibilidades antes mesmo impensadas para a efetivação de práticas negociais, será preciso estar atento aos limites em que desenvolvimento tecnológico e tutela dos interesses do consumidor se divorciam.

A melhor regulação do comércio eletrônico é aquela que impulsiona o desenvolvimento social e econômico e aperfeiçoa a dinâmica das relações de consumo. Espera-se assim que os números positivos das pesquisas sobre hábitos de consumo na rede possam ser acompanhados pela regulação que cumpra esse objetivo.

Referências

AZEVEDO, Antônio Junqueira de. Insuficiências, deficiências e desatualização do Projeto de Código Civil na questão da boa-fé objetiva nos contratos. *Estudos e pareceres de direito privado*. São Paulo: Saraiva, 2004. p. 148-158.

LORENZETTI, Ricardo L. *Comércio eletrônico*. São Paulo: RT, 2004.

OLIVEIRA, Elsa Dias. *A protecção dos consumidores nos contratos celebrados através da internet*: contributo para uma análise numa perspectiva material e internacional privatista. Coimbra: Almedina, 2002.

MARQUES, Cláudia Lima. *Confiança no comércio eletrônico e a proteção do consumidor*: um estudo dos negócios jurídicos de consumo no comércio eletrônico. São Paulo: RT, 2003.

MARTINS-COSTA, Judith. *A boa-fé no direito privado*. São Paulo: RT, 1999.

4

O consumidor brasileiro e o crédito – Os prós e contras do cadastro positivo

ANTÔNIO JOSÉ MARISTRELLO PORTO
FABIANA LUCI DE OLIVEIRA

Introdução

As mudanças na estrutura econômica da sociedade brasileira vêm sendo bastante celebradas recentemente. Nos últimos seis anos foram quase quarenta milhões de consumidores saindo dos estratos mais baixos da pirâmide socioeconômica e ascendendo à classe média (Classe C).[1] E entre os principais fatores apontados como propulsores desse movimento de ascensão social estão a expansão da oferta e o barateamento do crédito. Entretanto, quando a capacidade de consumo avança mais do que a renda pessoal e familiar, este crescimento pode ser frágil, e coloca em perigo a manutenção e sustentação do processo de ascensão social e econômica. A situação se torna mais preocupante quando pensamos no custo do crédito no Brasil,[2] muito maior que em outros países, como Estados Unidos, por exemplo.

---

1. Ver Capítulo 2 do livro *O comportamento da nova classe média brasileira nas relações de consumo*, de Fabiana Luci de Oliveira e Ricardo Morishita Wada. Dados: Cetelem 2010. Disponível em: <http://www.cetelem.com.br/portal/Sobre_Cetelem/Observador.shtml>.
2. Tabela i. Taxa média de juros corrente em 2011, para cartão de crédito, crédito pessoal e financiamento de automóveis no Brasil, nos EUA e em Bangladesh.

	Brasil*	EUA**	Bangladesh***
Cartão de crédito	128,28%	12,92%	31,5%
Crédito pessoal	57,48%	11,47%	16,5%
Automóveis	27,96%	5,81%	-

* Taxa de juros ao ano. Fonte: http://www.bcb.gov.br/?INDECO e http://www.anefac.com.br/pesquisajuros/2011/agosto2011.pdf. ** Taxa de juros ao ano. Fonte: http://www.federalreserve.gov/releases/g19/current/g19.htm
*** Taxa de juros ao ano. Fonte: http://www.standardchartered.com/bd/_documents/Interest_rate_matrix_07_09_2011.pdf

Uma das políticas pensadas para o barateamento do crédito é a criação e implementação de um banco de dados com o histórico de crédito positivo de indivíduos e empresas, o cadastro positivo, instituído no Brasil pela Lei nº 12.414 de 2011.

A lógica de consumo da maioria da população de baixa renda é a "do que cabe no bolso", ou seja, esses consumidores tendem a pensar no custo do bem em termos do valor da prestação, e não a considerar o custo total, o comprometimento da renda no médio e longo prazo.

Partindo deste contexto, da importância e relevância que o crédito tem hoje para parcela significativa dos consumidores brasileiros, o objetivo deste capítulo é descrever as percepções dos consumidores acerca de sua situação financeira e seu relacionamento com produtos e serviços financeiros e avaliar, com a utilização de algumas ferramentas da análise econômica do direito, os prós e os contras gerados com a criação do cadastro positivo.

O pressuposto com que trabalhamos aqui é de que a criação e a implementação do cadastro positivo no Brasil podem reduzir a assimetria de informação entre o credor e o devedor e, portanto, reduzir os custos da transação envolvidos em suas negociações, aumentando a riqueza total. Entretanto, a distribuição destes ganhos aos consumidores na forma de taxas de juros mais baixas, aumento da quantidade de crédito disponível e melhores condições do crédito e, portanto, a desejabilidade social da criação do Cadastro Positivo, dependerá prioritariamente do nível de competição no setor de crédito brasileiro e da segurança da privacidade do consumidor.

A literatura da análise econômica do direito tem duas ramificações principais: uma trata de prever os efeitos de uma nova política (ou instituição legal) e se utiliza para este fim de algumas ferramentas econômicas, essa corrente é conhecida como análise positiva. A outra faz recomendações políticas baseadas nas consequências econômicas das diversas políticas disponíveis, e é conhecida como análise normativa. Este capítulo é conecto com o primeiro ramo – positivo – e procura somente descrever – do ponto de vista da análise econômica do direito – como o cadastro positivo poderia melhor funcionar no caso brasileiro, mas atentando para alguns problemas que devem ser considerados no processo de implementação.

O capítulo que segue está estruturado da seguinte maneira: no item 4.1 apresentamos os resultados da pesquisa O brasileiro e o Código de Defesa do Consumidor,[3] no que se refere às relações do brasileiro com produtos e serviços financeiros e sua percepção do crédito. No item 4.2 descrevemos resumidamente o processo da criação do cadastro positivo do consumidor e apontamos seus potenciais aspectos positivos. No item 4.3, destacamos uma das características limitadoras do cadastro positivo: sua limitação como política de crédito.[4] No item 4.4, apresentamos os

---

3. Para informações sobre a metodologia da pesquisa, ver o capítulo 1 do livro *Percepção, hábitos e atitudes dos brasileiros com relação aos direitos do consumidor*, de Fabiana Luci de Oliveira.
4. As seções III e IV deste capítulo são baseadas em artigo anterior de Antônio José Maristrello Porto,

resultados de um *survey* piloto, realizado com o intuito de aferir em que medida os consumidores estão dispostos a renunciar parte de sua privacidade em prol de melhores condições de crédito.

4.1 O consumidor brasileiro e o crédito

De maneira geral a avaliação que o brasileiro faz de sua situação financeira é positiva – entre 0 e 10, a nota média dada a situação financeira pessoal é de 6,1. E a expectativa para os próximos seis meses é de melhoria financeira. Ou seja, o brasileiro está otimista para o futuro, e esse otimismo pode ser entendido também como um indicador de predisposição para o consumo.

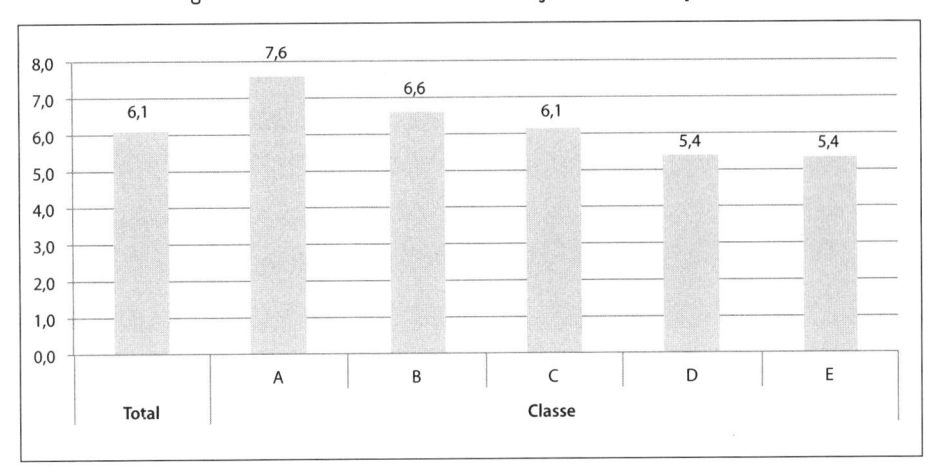

Figura 1. **Nota de 0 a 10 dada à situação financeira pessoal.**

Total	A	B	C	D	E
6,1	7,6	6,6	6,1	5,4	5,4

Base: 1.400 entrevistas. Fonte: O brasileiro e o Código de Defesa do Consumidor, CJUS, 2011.

Tabela 1. **Avaliação da situação financeira pessoal para os próximos seis meses, de acordo com classe.**

Nos próximos 6 meses situação financeira pessoal estará...	Total	Classe				
		A	B	C	D	E
Muito/Um pouco melhor	64%	58%	70%	61%	61%	82%
Mais ou menos igual	30%	42%	27%	31%	32%	12%
Muito/Um pouco pior	3%		2%	4%	3%	6%
Não sabe	3%		1%	4%	4%	

Base: 1.400 entrevistas. Fonte: O brasileiro e o Código de Defesa do Consumidor, CJUS, 2011.

O direito e a economia do cadastro positivo, publicado na *Revista de Direito Empresarial* (Curitiba: Juruá, n. 14, jul.-dez. 2010).

Nesse cenário de otimismo, a avaliação geral em relação ao crédito é também positiva. Perguntamos aos entrevistados qual a sua visão sobre o crédito, considerando cheque especial, cartão de crédito, crédito consignado, empréstimo bancário ou financiamento de algum bem. A maioria dos entrevistados considerou que tomar crédito é algo positivo.

Tabela 2. **Visão sobre o crédito, de acordo com classe.**

Tomar crédito...	Total	Classe				
		A	B	C	D	E
É bom	66%	85%	68%	64%	67%	71%
É ruim	28%	12%	23%	30%	31%	24%
Não sabe	6%	4%	9%	6%	2%	6%

Base: 1.400 entrevistas. Fonte: O brasileiro e o Código de Defesa do Consumidor, CJUS, 2011.

Como atentamos na apresentação do capítulo, se o poder de consumo avançar muito mais do que a renda pessoal, pode gerar a falência pessoal do consumidor ou o seu superendividamento. Não existe na doutrina brasileira uma definição consensual de superendividamento, mas uma definição que vem sendo adotada pelo Departamento de Proteção e Defesa do Consumidor, órgão do Ministério da Justiça, é de que

> O superendividamento pode ser definido como impossibilidade global do devedor-pessoa física, consumidor, leigo e de boa-fé, de pagar todas as suas dívidas atuais e futuras de consumo (excluídas as dívidas com o Fisco, oriundas de delitos e de alimentos) em um tempo razoável com sua capacidade atual de rendas e patrimônio (Marques, Lima e Bertoncello, 2010, p. 21).

A legislação brasileira não dá atenção a temas como falência ou insolvência civil. Não fornece instrumentos adequados para a recuperação dos consumidores devedores. Apenas prevê a possibilidade de extinção de obrigações inadimplidas após o prazo de cinco anos, conforme o art. 778 do Código de Processo Civil. Esse aspecto precisa ser pensado com as políticas de ampliação do acesso ao crédito.

Os dados da pesquisa não possibilitam falar em um superendividamento, mas indicam que 16% dos domicílios brasileiros têm contas atrasadas – 22% dos domicílios de classe D e 18% dos domicílios de classe E têm enfrentado dificuldade de pagamento de contas.

Figura 2. **Percentual que tem conta atrasada.**

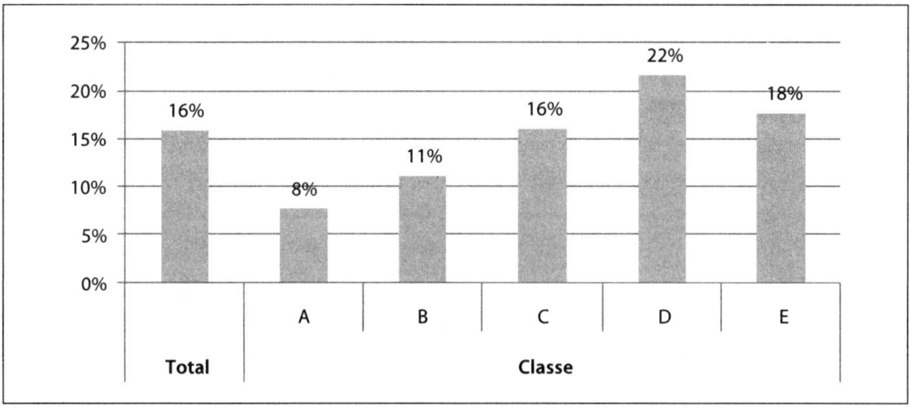

	Total	A	B	C	D	E
%	16%	8%	11%	16%	22%	18%
		Classe				

Base: 1.400 entrevistas. Fonte: O brasileiro e o Código de Defesa do Consumidor, CJUS, 2011.

E qual o tipo de conta que o consumidor tem tido dificuldade de pagar? As contas atrasadas são principalmente as relativas ao crédito para consumo – carnê de loja, cartão de crédito, empréstimo pessoal ou cheque especial.

Tabela 3. **Tipo de conta atrasada, de acordo com classe.**

Tipo de prestação atrasada	Classe				
	A	B	C	D	E
Carnê de loja	-	43%	55%	57%	67%
Cartão de crédito	-	23%	18%	12%	-
Conta de luz	-	11%	15%	34%	33%
Conta de telefone	-	17%	8%	2%	-
Empréstimo bancário (crédito pessoal)	50%	20%	8%	5%	-
Conta de água	-	-	6%	5%	-
Cheque especial (ou cheque pré-datado)	-	3%	5%	-	-
Escola/cursos	50%	-	2%	-	-
Outros	-	11%	6%	10%	-

Base: total que possui conta atrasada. Fonte: O brasileiro e o Código de Defesa do Consumidor, CJUS, 2011

Um dado importante quando queremos discutir crédito e cadastro positivo é o percentual de brasileiros que possuem cartão de crédito e o seu relacionamento com o cartão. Temos entre os entrevistados uma proporção de 34% que possuem e utilizam o cartão de crédito – sendo esse percentual mais elevado nas classes mais altas (60% nas classes A e B) e menor entre as classes mais baixas (12% nas classes D e E).

Figura 3. **Percentual que possui cartão de crédito e financiamento bancário.**

■ Cartão de crédito ■ Financiamento bancário

	Cartão de crédito	Financiamento bancário
AB	60%	17%
C	31%	8%
DE	12%	5%
Total	34%	10%

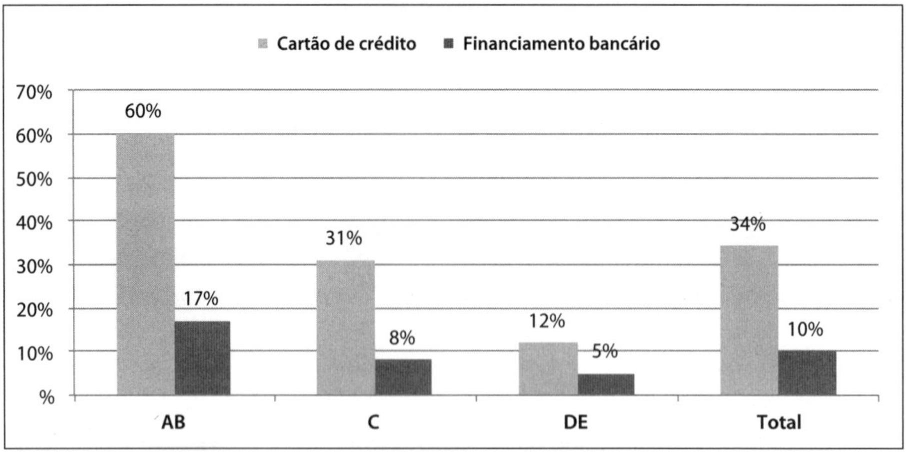

Base: 1.400 entrevistas. Fonte: O brasileiro e o Código de Defesa do Consumidor, CJUS, 2011.

Metade dos que utilizam o cartão declara que leu o contrato e entendeu, mas notamos que esse percentual diminui consideravelmente quando olhamos para as classes mais baixas e para a população de menor escolaridade. Entre as classes C e DE é maior a proporção dos que leram e não entenderam, somados aos receberam, mas não leram, e, mais preocupante, que não receberam o contrato.

Tabela 4. **Reação do consumidor ao contrato do cartão de crédito, de acordo com escolaridade e classe.**

		Escolaridade			Classe			
	Total	Baixa	Média	Alta	A	B	C	DE
Recebeu o contrato, leu e entendeu	51%	42%	49%	65%	62%	60%	44%	38%
Recebeu o contrato, leu, mas não entendeu	18%	23%	20%	10%		20%	17%	26%
Recebeu o contrato, mas não leu	16%	17%	18%	10%	14%	13%	19%	12%
Não recebeu o contrato	11%	14%	7%	11%	14%	5%	15%	15%
Não lembra/ não tem certeza	5%	4%	6%	4%	10%	2%	5%	9%

Base: total que possui cartão de crédito. Fonte: O brasileiro e o Código de Defesa do Consumidor, CJUS, 2011

Perguntamos aos entrevistados qual era a expectativa quando eles adquiriram o cartão – utilizar ou não o limite, e a maioria esperava comprar e pagar integralmente sem utilizar o limite. Contudo, os que nunca usaram o limite e pagaram a parcela mínima é a minoria dos consumidores em todas as classes, com exceção da classe A.

Tabela 5. **Expectativa com relação ao uso do cartão de crédito, de acordo com escolaridade e classe.**

	Escolaridade				Classe			
	Total	Baixa	Média	Alta	A	B	C	DE
Comprar e pagar integralmente sem utilizar o limite	72%	69%	72%	75%	90%	72%	70%	71%
Utilizar o limite oferecido	28%	31%	28%	25%	10%	28%	29%	29%

Base: total que possui cartão de crédito. Fonte: O brasileiro e o Código de Defesa do Consumidor, CJUS, 2011.

Tabela 6. **Frequência com que utiliza o limite do cartão de crédito, de acordo com escolaridade e classe.**

	Escolaridade				Classe			
	Total	Baixa	Média	Alta	A	B	C	DE
Nunca	39%	37%	40%	42%	67%	34%	40%	47%
Poucas vezes	43%	45%	43%	40%	24%	51%	41%	26%
Na maioria das vezes	12%	11%	12%	13%	5%	11%	13%	15%
Sempre	6%	7%	5%	5%	5%	4%	6%	12%

Base: total que possui cartão de crédito. Fonte: O brasileiro e o Código de Defesa do Consumidor, CJUS, 2011.

E como o "limite" do cartão é utilizado pela maior parte dos consumidores, indagamos sobre o conhecimento do custo em fazer uso desse crédito, e a maioria dos consumidores desconhece a taxa de juros praticada pelas operadoras de cartão de crédito.

Figura 4. **Percentual que declara saber a taxa de juros mensal cobrada pelo cartão de crédito.**

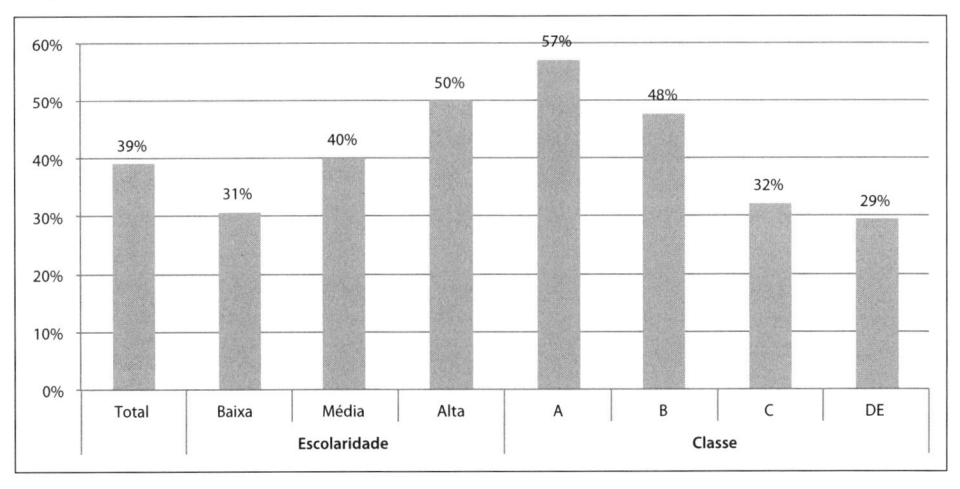

	Total	Baixa	Média	Alta	A	B	C	DE
	39%	31%	40%	50%	57%	48%	32%	29%
		Escolaridade			Classe			

Base: 478 entrevistas (possuem cartão de crédito). Fonte: O brasileiro e o Código de Defesa do Consumidor, CJUS, 2011.

É nesse contexto, em que os usuários dos serviços de crédito têm pouca informação e pouca margem de escolha, que discutimos a criação do cadastro positivo e seus principais aspectos, positivos e negativos.

4.2 Criação do cadastro positivo

Em 19/05/2009, a Câmara dos Deputados aprovou o Projeto de Lei nº 836-E de 2003, que trata da criação do Cadastro Positivo. Em 21 de maio do mesmo ano, o citado Projeto foi remetido ao Senado Federal por meio do Ofício nº 494/09/OS-GSE. Em junho de 2011, a Presidente Dilma Rousseff aprovou parcialmente o Projeto de Lei de Conversão (PLV) nº 12/2011. Foi assim promulgada a Lei nº 12.414/2011, que institui o Cadastro Positivo, e é apontada como medida que possibilitaria o fomento e o desenvolvimento do mercado de crédito no Brasil.

É amplamente aceito na literatura microeconômica que o fenômeno da informação assimétrica[5] gera uma falha de mercado[6] e que sua correção, geralmente, leva a um funcionamento mais eficiente dos mercados. Em essência, um mercado com grande assimetria de informações não funciona de forma eficiente, i.e., compradores podem estar pagando mais ou podem estar ineficientemente se abstendo de comprar. Assim, na margem, uma grande diferença na qualidade, quantidade, ou forma de processamento das informações entre as partes evita a celebração de transações que, a princípio, seriam mutuamente benéficas.

O fenômeno da informação assimétrica é especialmente importante no mercado de crédito. A natureza dos contratos de crédito, que envolvem uma promessa de pagamento futuro, torna a identificação do perfil e das intenções de um potencial devedor fator crucial para o cálculo da probabilidade de pagamento do empréstimo. No entanto, na grande maioria das vezes, tais informações não são acessíveis aos credores a um baixo custo. Essa assimetria de informações acaba gerando um processo de seleção adversa[7] no mercado de crédito.

---

5. A assimetria de informações está ligada à diferença de informações, que são detidas e não compartilhadas pelos agentes econômicos envolvidos na transação. Por exemplo, em diversas situações o vendedor detém mais informações sobre a real qualidade de um bem do que o comprador possui ou poderia obter a um baixo custo.
6. Uma falha de mercado ocorre quando os mecanismos de mercado geram efeitos não eficientes e/ou indesejáveis do ponto de vista social. Estas falhas são provocadas por imperfeições existentes em certos mercados e impedem que um cenário de concorrência perfeita seja atingido. Como exemplos de falhas de mercado podemos citar a assimetria de informação, elevados custos de transação, externalidades negativas, existência de elevado poder de mercado, existência de bens públicos, entre outros.
7. O processo de seleção adversa é aquele pelo qual os produtos "bons" são progressivamente retirados do mercado, em que, em última instância, passam a permanecer apenas os produtos "ruins". Esse processo é uma consequência de um elevado grau de assimetria de informações existentes naquele mercado, pois, na medida em que um comprador não detém, e não pode facilmente obter, informações sobre a veracidade das informações, ou eventuais omissões, do vendedor, o preço pelo qual o comprador estaria disposto a pagar por um produto "bom" é reduzido pelos possíveis riscos de existirem deficiências omitidas e não verificadas (i.e., um carro batido e posteriormente consertado). Em última instância, os produtos "bons" acabam sendo retirados do mercado, pois uma parte atribui um preço menor do que a outra está disposta

No Brasil, a falta de mecanismos (ou o parcial funcionamento deles)[8] para a redução da assimetria de informação no mercado de crédito pode ter resultado em um equilíbrio neste mercado que implica preços maiores, menor quantidade de crédito e prazos mais curtos do que seria o caso em um cenário de informação perfeita. Além disso, o problema da assimetria de informação ultrapassa a fase de formação contratual nas operações de crédito, pois, mesmo que o contrato de empréstimo tenha sido celebrado, os credores podem enfrentar um problema de risco moral,[9] em que os devedores adotam condutas que aumentam seus riscos de inadimplência (i.e., tomar novos empréstimos).

Assim, a assimetria de informações entre credores e devedores concernente à qualidade do perfil do devedor e ao risco de inadimplência impede que o mercado atinja um equilíbrio socialmente eficiente.

É nesse cenário de possível equilíbrio ineficiente que se insere a Lei nº 12.414/2011 que "disciplina o funcionamento de bancos de dados e serviços de proteção ao crédito e congêneres e dá outras providências". A Lei parte do pressuposto de que a inadimplência representa uma "parcela considerável do custo do capital no país". O atual sistema de banco de dados sobre os consumidores seria ainda incapaz de permitir uma diferenciação entre os "bons" e os "maus" pagadores. Assim, os credores acabam elevando as taxas de juros de todos os consumidores para suprir a inadimplência de alguns. Ou seja, "os bons pagadores acabam pagando pelos maus pagadores".[10]

4.3 Destacando as limitações do cadastro positivo

Nessa perspectiva, uma das inovações da Lei é permitir expressamente aos bancos a coleta e o manuseio de dados relativos não apenas a atraso ou inadimplemento, mas também ao pagamento em dia de obrigações por parte dos consumidores. Portanto, os eventuais dados negativos referentes a inadimplementos ou atrasos anteriores poderiam passar a ser analisados com os dados "positivos". Os bancos de dados proporcionariam, assim, um retrato mais completo sobre o histórico de

---

a negociar. De tal forma, transações inicialmente desejáveis para ambas as partes deixam de ser realizadas, evitando-se possíveis ganhos de bem-estar. Para maiores informações sobre o tema, ver Akerlof, George. The Market for Lemons: Quality Uncertainty and the Market Mechanism. *The Quarterly Journal of Economics*, v. 84, n. 3, p. 488-500, 1970.

8. Por exemplo, o cadastro de crédito negativo e o Sistema de Informações de Crédito.

9. O risco moral é um problema de incentivos distorcidos. Em algumas situações, pode ocorrer de um indivíduo ter informação privilegiada sobre suas próprias ações, mas é outro indivíduo quem carrega o custo de uma falta de cuidado ou de esforço do primeiro indivíduo. É o caso, por exemplo, da seguradora com relação ao segurado. O risco moral incorrido pela seguradora resulta da falta de incentivo do segurado em cuidar do bem coberto pela seguradora. Isto ocorre porque a seguradora compensará as perdas do segurado com os danos do bem coberto. A franquia é uma forma de reduzir o risco moral das seguradoras.

10. Voto do relator, Deputado Maurício Rands (PT-PE), da Subemenda Substitutiva de Plenário do Projeto de Lei nº 836-E de 2003, aprovada pelo Plenário da Câmara dos Deputados em 19/05/2009, p. 4. Disponível em: <http://www.camara.gov.br/sileg/prop_detalhe.asp?id=112893>. Acesso em: 15 set. 2010.

crédito de cada indivíduo. A ideia do cadastro positivo é a de que os bancos de dados passem a proporcionar aos credores informações sobre o comportamento financeiro do consumidor desde sua inscrição no cadastro positivo.[11]

Em princípio, a criação do cadastro positivo de crédito pode possibilitar que algumas parcelas de consumidores tenham maior acesso ao mercado de crédito, pois, quando um indivíduo não pode demonstrar seu comprometimento em pagar suas dívidas (i.e., por meio de garantias) e existe uma grande assimetria de informações sobre suas características, os credores devem recorrer a inferências sobre a probabilidade de inadimplemento. Com bancos de dados mais completos sobre o perfil creditício histórico dos consumidores, as instituições financeiras podem fazer menos exigências (i.e., menor pagamento inicial, menos garantias, taxas de juros menores etc.) para que aqueles consumidores com bom histórico tenham acesso a linhas de crédito em melhores condições.

Munidos com mais informações, os credores podem diferenciar melhor os riscos dos potenciais devedores e ofertar condições de créditos proporcionais com esses riscos. Isto poderá permitir que as instituições financeiras identifiquem mais facilmente os consumidores com histórico positivo de crédito e possam cobrar destes taxas de juros mais condizentes com seus níveis de risco. Essa melhor diferenciação entre os "bons" e os "maus" pagadores poderá, assim, possibilitar uma mitigação do problema de seleção adversa no mercado de crédito.

Indivíduos das classes econômicas mais baixas (C, D e E) muitas vezes não possuem comprovação de fonte de renda estável ou bens de maior valor que possam servir como garantia. Um sistema de banco de dados auxilia os indivíduos com menores níveis de renda a sinalizar de maneira objetiva sua capacidade e disposição histórica de pagamento de suas obrigações. Nesse sentido, o histórico de crédito pode ser entendido como um "bem", sobre o qual o Estado passa a atribuir um direito de propriedade, fazendo com que o indivíduo o valorize ainda mais.

Além disso, existem dados em outros países que também comprovam que consumidores sem histórico de acesso ao mercado de crédito compõem outra classe de consumidores que podem se beneficiar da existência dos bancos de dados "positivos",[12] na medida em que a Lei estabelece a inclusão no cadastro positivo dos consumidores com histórico do pagamento em dia de contas de luz, água, telefone, gás etc. Isso é importante porque consumidores que não possuam um histórico de acesso a crédito poderão, ainda assim, ter um histórico positivo incluído no seu cadastro.[13]

---

11. De forma análoga à maneira que as companhias de seguro utilizam os dados históricos de um potencial segurado, ou um potencial empregador faz uso das informações passadas sobre um potencial empregado.
12. Staten, Michael E.; CATE, Fred H. The Impact of National Credit Reporting Under the Fair Credit Reporting Act: the Risk of New Restrictions and State Regulation. *Credit Research Center Working paper*, n. 67, maio 2003. Disponível em: <www.ftc.gov/bcp/workshops/infoflows/statements/cate02.pdf>. Acesso em: 15 set. 2010.
13. Voto do relator, Deputado Maurício Rands (PT-PE), p. 6-7.

Uma inovação adicional do texto normativo aprovado está na autorização para os bancos de dados realizarem análises de risco dos indivíduos cadastrados com base em seus arquivos (*credit scoring*). É importante notar que, segundo a Lei, os bancos de dados que fizerem tal análise de risco devem tornar públicos os elementos considerados no emprego de suas técnicas e no sistema de pontuação. Tal divulgação é fundamental para a transparência e para o controle social dos métodos de avaliação. Essa análise de risco tem por objetivo substituir outros mecanismos da busca de informações sobre o perfil e a capacidade de pagamento do consumidor (como entrevistas, formulários etc.) por um método menos custoso e mais preciso baseado em comportamentos históricos documentados.

De fato, em outros países essas informações são utilizadas para a elaboração de listas de consumidores ou empresas, aos quais são concedidas linhas de crédito pré-aprovadas (*prescreening*). Ao proporcionar o acesso rápido e barato a informações sobre o perfil e o comportamento dos devedores, os bancos de dados possibilitarão também um melhor monitoramento das atividades dos consumidores pós-concessão do empréstimo. Um maior monitoramento, a princípio, tende a mitigar o problema do risco moral já mencionado.

Além disso, se o acesso futuro a crédito for uma opção valiosa para o devedor, então este terá um incentivo adicional para não descumprir o contrato. Caso contrário, passaria a ter uma análise de risco pior. Desse modo, além de oferecer ao credor as informações necessárias para medir os riscos de maneira mais precisa, os cadastros positivos de crédito proporcionariam ainda incentivos adicionais para consumidores utilizarem seus créditos de maneira mais responsável. Isso também pode contribuir para a mitigação do problema de risco moral, uma vez que os consumidores terão maiores incentivos para não agirem de modo a aumentar sua probabilidade de inadimplemento.[14]

Cumpre ressaltar que a Lei prevê expressamente que as informações armazenadas devem ser objetivas, claras, verdadeiras e de fácil compreensão, vedando-se quaisquer informações que não possuam relação direta com a análise de risco do devedor, tais como origem social e étnica, saúde e orientação sexual, convicções políticas, religiosas e pessoais. Além disso, o uso de quaisquer informações pelos bancos de dados para fins diversos de análise de risco de crédito (i.e., marketing, mala direta, pesquisa mercadológica etc.) deve ser precedido de autorização expressa do consumidor cadastrado. É importante que as autoridades responsáveis por fiscalizarem o cumprimento destas regras tenham métodos eficazes de impedir a violação delas.

---

14. Cumpre notar que, em países onde não existe um sistema de banco de dados de registro de crédito dos consumidores bem desenvolvido, os credores podem cometer o erro de emprestar para consumidores que já possuem outras dívidas que comprometem parcela substancial da sua renda. Esses erros resultam em maiores custos de crédito.

O risco de descumprimentos dessas regras não pode ser demasiadamente elevado, sob pena de tornar negativa a análise custo-benefício da Lei. Respeitando essas e outras restrições contidas no ato normativo, os potenciais credores poderiam utilizar essas informações para complementar quaisquer outros dados que já possuam sobre a confiabilidade do perfil do potencial devedor para, assim, tomar decisões sobre sua estabilidade financeira e sua consequente capacidade e disposição para pagar a dívida. Como exemplo, tais informações podem ser adotadas para tomar decisões sobre a concessão, preço, prazo e demais condições de crédito.

É relevante destacar, também, que não há uma sobreposição – e sim, uma complementação – do sistema do cadastro positivo com o Sistema de Informações de Crédito do Banco Central ("SCR") instituído pela Resolução do Banco Central nº 3.658, de 17/12/2008, em substituição ao sistema Central de Risco de Crédito ("CRC").

Como instrumento de supervisão do setor bancário, o SCR é um dos principais instrumentos utilizados pelo Banco Central para acompanhar as carteiras de crédito das instituições financeiras. Ele contém dados sobre comportamento dos clientes no que se refere às suas obrigações contraídas no sistema financeiro, sendo alimentado mensalmente pelas instituições financeiras. Contudo, apenas os clientes com responsabilidade total igual ou superior a R$ 5.000,00 são identificados. Com esse limite, o SCR não atinge as modalidades de financiamento das classes C, D e E, as quais, por sua vez, são abrangidas pelo cadastro positivo.

Um outro aspecto da Lei concerne ao fato de esta ser uma medida adicional para uma maior competição no mercado de crédito, pois, ao reduzir o custo de avaliar os riscos dos consumidores, um banco de dados "positivos" e "negativos" reduz as barreiras à entrada no mercado de crédito. O fato de os bancos de dados não disporem de tais informações históricas "positivas" atua como uma barreira à entrada, pois dá às instituições financeiras atuantes no mercado um "monopólio" sobre as informações que possuem a respeito de seus clientes. Sem a implementação do cadastro positivo, os potenciais entrantes não têm acesso às informações importantes para que possam ofertar serviços e produtos financeiros a preços e condições mais competitivas que seus futuros rivais.

Na realidade, a concorrência é um dos pontos de maior importância para o efetivo barateamento do crédito no País porque, mesmo reduzindo os custos de avaliação dos riscos dos consumidores, a mera disponibilidade de tais dados a um menor custo não determina que essa redução de custos será, necessariamente, repassada aos consumidores.

Esse resultado dependerá principalmente do nível de concorrência no mercado de crédito. Nesse sentido, é importante que sejam adotadas outras políticas públicas que possibilitem a redução das barreiras à entrada ainda mais significativas no setor.

Adicionalmente, parece existir a presunção de que a introdução do cadastro positivo e a consequente correção de uma única falha de mercado, nomeadamente a assimetria de informação, promoverão um equilíbrio mais eficiente no mercado de créditos brasileiro.

Cabe lembrar que um mercado, seja ele qual for, é composto por muitos elementos que formam uma intrincada rede de causalidades. Essa característica dos mercados, muitas vezes, impede a afirmação de que o melhor reposicionamento de um de seus elementos necessariamente garantirá a eficiência no novo equilíbrio. O cadastro positivo pode trazer vantagens, pois parece introduzir instrumentos para a redução da assimetria de informação no mercado de crédito brasileiro.

Entretanto, tal pressuposto é baseado na aceitação da conjectura de um mercado perfeitamente competitivo. A teoria do *second best*, porém, já demonstrou que é impossível determinar que a alteração de um único elemento de um mercado, sem uma análise pontual e específica de cada estado possível dos outros elementos que compõem este mercado, promoverá uma realocação eficiente,[15] o que nos leva a indagar se não seria necessário, tomando como verdadeiro o pressuposto de que o mercado de crédito brasileiro não é eficiente, tomar medidas adicionais, como o incentivo para entrada de outras instituições financeiras no mercado de crédito, para o alcance de uma realocação eficiente.

Ainda que o cadastro positivo possa proporcionar um equilíbrio mais eficiente no mercado de crédito, existem outras questões com as quais devemos nos preocupar. A Lei nº 12.414/2011 prevê que os consumidores devem assinar uma autorização para que possam ser inscritos no cadastro positivo. Os consumidores poderão ainda permitir a divulgação de todo o seu histórico ou apenas de sua análise de risco. De fato, existe um incentivo para que grande parte dos consumidores se inscreva no cadastro e permita a divulgação de suas análises de risco. Em primeiro lugar, aqueles consumidores com excelente histórico de pagamento teriam um forte incentivo para autorizarem sua inscrição, pois poderiam, dessa maneira, se diferenciar dos consumidores com histórico "pior" e, assim, ter acesso a mais crédito e em melhores condições. Por sua vez, aqueles consumidores com bom histórico (mas não excelente) também perceberiam que estariam em melhor situação caso autorizassem sua inscrição, pois, da mesma forma, poderiam se diferenciar dos consumidores com histórico médio.

Seguindo esse raciocínio, os consumidores com histórico médio também teriam incentivos para se inscrever e, assim, sucessivamente, de modo que apenas aqueles consumidores com um histórico "ruim" não se inscreveriam, pois não ganhariam

---

15. Esta noção está ligada à "Theory of Second Best", a qual, resumidamente, consiste em assumir que em um sistema com diversas variáveis, por alguma razão, uma (ou várias) destas variáveis podem não assumir o valor necessário para que o resultado imaginado como "melhor opção" seja observado. Essa teoria assume que, em algumas situações, para que essa "segunda melhor opção" possa ser atingida será necessário que outras variáveis, além daquela primeira, assumam valores diversos daqueles que seriam necessários para obter a "primeira melhor opção". Ver, Lipsey, R.G.; Lancaster, Kelvin. The General Theory of Second Best. *The Review of Economic Studies*, v. 24, n. 1, p. 11-32, 1956-1957.

nada com isso. Estes consumidores só se diferenciariam dos consumidores com histórico "muito ruim" pelo fato de estes, possivelmente, já estarem inscritos no cadastro negativo (SPC ou Serasa).

Dados esses incentivos, a inscrição facultativa no cadastro pode, na verdade, tornar-se obrigatória. Mesmo que na teoria pareça haver uma opção ao consumidor, na prática, o sistema acaba por forçá-lo a se inscrever ou ser qualificado como possuidor de histórico de pagamento "ruim".[16]

A Lei estabelece ainda como opção-padrão a não inclusão no cadastro positivo. Nesse sentido, é essencial analisarmos quais seriam as consequências do cadastro positivo para aqueles consumidores com histórico de pagamento melhor do que "ruim", mas que não se inscreveram no cadastro positivo. Estes consumidores, a princípio, seriam confundidos com aqueles com histórico "ruim", uma vez que estes também não teriam fortes incentivos para se inscreverem no cadastro positivo. O fato é que aqueles consumidores não inscritos no cadastro positivo, a princí

---

16. "A teoria da escolha-racional convencional é desafiada, em uma direção oposta, pela teoria dos jogos. A economia tradicional geralmente supõe (exceto quando especulando sobre comportamento de cartel e em alguns outros exemplos) que pessoas fazem decisões sem considerar a reação de outras pessoas. Se o preço de alguns produtos cai, consumidores compram mais sem se preocupar que, fazendo isto, eles podem causar um aumento do preço novamente. A razão de não se preocuparem é que o efeito da decisão de cada comprador no preço é provavelmente insignificante (o consumidor é um "tomador de preço"), enquanto os custos, para o consumidor, em coordenar suas ações seriam proibitivos. Em algumas situações, porém, uma pessoa racional, ao decidir como agir, irá considerar a provável reação dos outros; ele, em outras palavras, agirá estrategicamente. Este é o domínio da teoria dos jogos, que contrasta notavelmente com a economia comportamental porque pressupõe, pelo menos em sua mais pura forma, um grau de racionalidade ainda maior do que o suposto na economia ortodoxa. [...] O que é comum à teoria dos jogos é sua sensibilidade de supor que todos envolvidos não somente comportam-se racionalmente, mas também em supor e é certo supor, que todos envolvidos comportam-se com completa racionalidade também. A teoria econômica ortodoxa não depende de tal hiper-racionalidade. Mas também não faz todas as aplicações da teoria dos jogos. A lei federal (americana) proíbe faculdades de divulgar o histórico de um estudante a um empregador prospectivo ou a outra instituição educacional sem a permissão do estudante. Tal permissão é quase nunca recusada. A teoria dos jogos pode ajudar a entender o porquê, sem termos que supor hiper-racionalidade. Se nenhum estudante desse a permissão, um empregador considerando um currículo de emprego de um estudante universitário suporia que o estudante tinha notas na média – o que mais ele poderia supor? Estudantes com notas acima da média seriam prejudicados por esta suposição, então eles começaram a dar permissão para suas escolas para divulgar seus históricos. Então agora quando um empregador recebe um formulário de um estudante que não divulga seu histórico, o empregador pode supor que o estudante estaria na metade inferior da distribuição das notas, porque todo mundo na metade acima teria revelado suas notas. Então todo estudante no terceiro quarto (que está na metade superior da metade inferior da distribuição de notas) poderia ser prejudicado pela não divulgação e revelaria suas notas. Eventualmente somente os estudantes com as notas mais baixas não teriam nada a ganhar com a divulgação – e sua falta em divulgar poderia revelar sua posição com certeza como se ele tivesse divulgado. Simples, a teoria dos jogos então mostra por que a lei protegendo a privacidade dos históricos tem sido ineficaz. O exemplo ilustra o que os teóricos da teoria dos jogos chamam de um 'equilíbrio agregador' no qual (em contraste com um 'equilíbrio separador') o comportamento estratégico previne pessoas com diferentes preferências de agir diferentemente. O processo de raciocínio exigido para conseguir um equilíbrio agregador no caso dos históricos dos estudantes não é tão elaborado quanto exige a hiper-racionalidade" (Posner, Richard A. *Economic Analysis of Law*. 7. ed. New York: Aspen Publishers, 2007. p. 18-20. Tradução livre).

passariam a suportar piores condições de crédito (i.e., juros mais altos, prazos mais curtos e menor quantidade de recursos disponíveis).

Esse ponto merece atenção porque, na prática, poderemos ter uma situação na qual alguns consumidores, mesmo com um "bom" histórico de pagamento, poderão não se inscrever no cadastro, mesmo que isso lhes traga benefícios líquidos futuros. De fato, as pessoas normalmente apresentam, por motivos diferentes, uma tendência a manter suas situações atuais ("viés do *status quo*"). Especialmente em situações nas quais os benefícios podem não ser claros (como no caso de inscrição no cadastro positivo), as pessoas podem simplesmente optar por não escolher aquela opção que, teoricamente, lhes traria um maior benefício líquido esperado.

Nessa perspectiva, uma alternativa possível seria que os indivíduos fossem automaticamente inscritos no cadastro positivo e suas análises de risco divulgadas. Ou seja, independentemente de qualquer manifestação de vontade, o consumidor já teria seu histórico incluído nos bancos de dados e sua análise de risco divulgada aos interessados. Ao consumidor caberia a escolha de ser excluído do cadastro e da análise de risco. Para isso, deveria comunicar expressamente sua escolha aos bancos de dados ou a algum órgão governamental, o que deveria ser realizado de forma rápida, fácil e gratuita. Esse cenário tenderia a reduzir o número de consumidores com "bom" histórico, mas não inscritos no cadastro positivo, e a possibilitar melhores condições de crédito para essa classe de consumidor. Ao mesmo tempo, manter-se-ia ao consumidor a opção de poder ser excluído do cadastro a um baixo custo e, assim, seu direito à privacidade permaneceria não violado.

Os pontos até aqui expostos são importantes e com certeza não possuem respostas simples. Todavia, mesmo que diversos questionamentos possam ser levantados, a experiência de outros países tem comprovado que a existência de um sistema de cadastro completo sobre o histórico de pagamento dos consumidores é especialmente importante para os setores da população com menor nível de renda. Por exemplo, uma comparação nos Estados Unidos entre o acesso a empréstimos sem garantia real entre a década de 70 (década na qual houve uma reforma no sistema de cadastro do histórico de crédito dos consumidores) e o ano de 2001 constatou um crescimento de quase 70% e 30% para os dois quintos com menor renda da sociedade, respectivamente, perante um crescimento de aproximadamente 10% para os três quintos com maior nível de renda.[17]

Portanto, um sistema de banco de dados "positivos" e "negativos" parece permitir que consumidores das classes mais baixas e consumidores mais jovens tenham maior e melhor acesso a crédito, seguros e outros serviços financeiros. Esse acesso seria possível com base apenas em seus perfis históricos, e não com base na proprie-

---

17. Staten, Michael E.; Cate, Fred H. The Impact of National Credit Reporting Under the Fair Credit Reporting Act: the Risk of New Restrictions and State Regulation. *Credit Research Center Working paper*, n. 67, maio 2003. Disponível em: <www.ftc.gov/bcp/workshops/infoflows/statements/cate02.pdf>. Acesso em: 15 set. 2010.

dade de bens que possam servir de garantia ou de relações previamente estabelecidas com potenciais credores, como ocorre com consumidores com níveis de renda mais elevados.

4.4 Exame dos custos da privacidade

Conforme afirmado, existe um possível conflito entre o cadastro positivo e a privacidade dos consumidores, pois os bancos e outras instituições financeiras estariam autorizados a acessar o histórico dos consumidores. Imaginando um cenário ideal, no qual o cadastro positivo proveria um equilíbrio mais eficiente no mercado de crédito, foi realizada uma pesquisa com objetivo de analisar em que medida os consumidores estão dispostos a renunciar parcela de sua privacidade com intuito de obter crédito mais barato e de fácil acesso.[18]

Foram entrevistados 447 consumidores no Rio de Janeiro. A idade média foi de 34 anos; o mais novo tinha 18 anos e o mais velho 74. Dos entrevistados, 56% são das classes AB e 44% da classe C. A pesquisa foi composta por 33 perguntas, abordando o perfil socioeconômico dos entrevistados, aspectos da sua vida financeira e suas percepções acerca do acesso ao crédito e também sobre a ideia de cadastro positivo. Discutimos nesta seção algumas das questões mais relevantes da pesquisa.

Indagou-se, inicialmente, se os entrevistados conheciam o sistema de cadastro negativo (SPC, Serasa) existente no Brasil – praticamente a totalidade dos entrevistados respondeu afirmativamente (99%).

No tocante ao conhecimento do sistema de cadastro positivo, apenas 43% dos entrevistados responderam afirmativamente – e 39% dos consumidores da classe C e 46% dos consumidores de classe AB disseram conhecer ou ter ouvido falar sobre o cadastro positivo.

Na sequência apresentamos a ideia de cadastro positivo a todos os entrevistados, de forma bastante simples, explicando que, em vez de listar os consumidores que não pagaram devidamente seus débitos, o novo cadastro listará e classificará os consumidores como pagadores "ótimos", "bons" ou "regulares". E com isso exploramos duas questões:

1) a escolha entre crédito mais barato e fácil ou maior preservação da privacidade (uma vez que tudo o que comprou a crédito e o histórico de pagamentos ficarão disponíveis para consulta pelas instituições);

2) a escolha entre ter crédito mais barato e fácil ou não correr o risco de ser classificado em nível errado (por exemplo, um consumidor pode ser ótimo pagador tendo sempre cumprido seus pagamentos em dia, mas constar apenas como regular).

---

18. A pesquisa-piloto sobre o cadastro positivo foi elaborada pelos autores com a aluna do Mestrado Profissional em Poder Judiciário da Escola de Direito da Fundação Getulio Vargas, Caroline Pinheiro. As entrevistas foram realizadas na cidade do Rio de Janeiro. Os autores agradecem também à Andrea Lavourinho – estagiária do Centro de Pesquisa em Direito e Economia – pela colaboração no trabalho de pesquisa.

Outros resultados mostram que 58% dos entrevistados afirmaram preferir privacidade a crédito fácil e barato, sendo a escolha pela privacidade ainda maior entre os consumidores de classe AB (65% preferem manter a privacidade dos seus dados).

Figura 5. **Escolha entre preservação da privacidade ou possibilidade de crédito mais fácil e barato, de acordo com classe.**

Preservar privacidade ■ Crédito mais fácil e barato ■ Não sabe

Classe	Preservar privacidade	Crédito mais fácil e barato	Não sabe
C	49%	—	50%
AB	65%	—	34%
Total	58%	—	41%

Base: 447 entrevistas.

Os entrevistados também preferem não correr o risco de serem classificados de forma errada (i.e., um "excelente pagador" ser classificado como um "bom pagador") a ter acesso a crédito mais barato. Novamente os consumidores de classe AB são os menos propensos a correr esse risco.

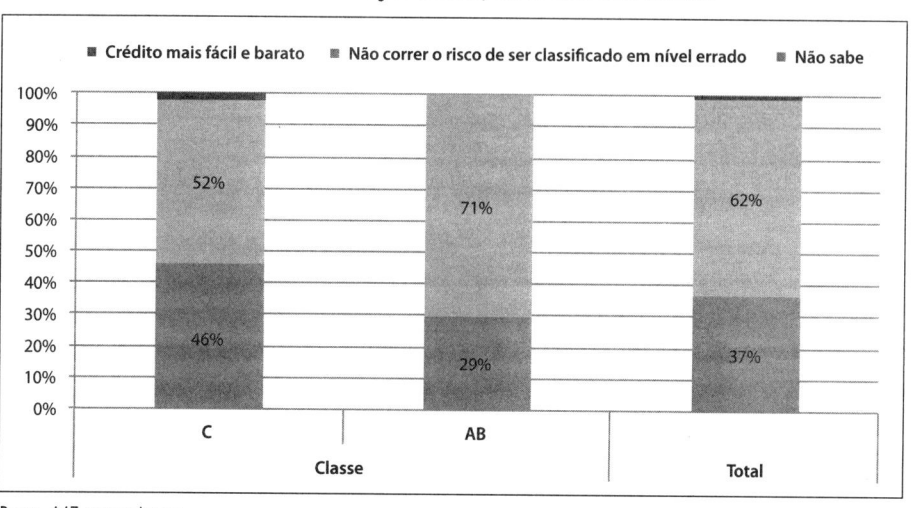

Figura 6. **Escolha entre crédito mais fácil e barato e não correr o risco de classificação errada, de acordo com classe.**

■ Crédito mais fácil e barato ■ Não correr o risco de ser classificado em nível errado ■ Não sabe

Classe	Crédito mais fácil e barato	Não correr o risco
C	46%	52%
AB	29%	71%
Total	37%	62%

Base: 447 entrevistas.

Além disso, perguntamos aos entrevistados sua posição sobre a forma mais adequada de inserção no cadastro, automaticamente ou via solicitação do consumidor, e em resposta 86% dos entrevistados afirmaram que os consumidores deveriam ser consultados antes de terem seus nomes incluídos no cadastro positivo.

Indagamos ainda se os entrevistados preferiam que o sistema de crédito positivo estivesse sob controle governamental ou de uma instituição privada: 58% dos entrevistados preferem o controle público. Pode-se inferir que o medo relacionado à ameaça de perda de privacidade influencia essa preferência.

Um ponto importante que exploramos junto aos entrevistados foi a composição do cadastro, ou seja, que tipo de informação ele deveria incluir, informações sobre o pagamento de contas básicas como luz, telefone, água, ou se ele deveria apenas incluir informações sobre crediário e empréstimos bancários. Para 57% dos entrevistados o cadastro deveria incluir apenas empréstimos, e 41% consideram que ele deveria conter também informações sobre o pagamento de contas básicas.

E qual a posição dos entrevistados sobre ter seu nome incluído no cadastro positivo? Apenas 36% do total de entrevistados declararam que gostariam de fazer parte do Cadastro Positivo – sendo o percentual mais alto entre os indivíduos de classe C (47%) do que entre os de classe AB (27%).

Figura 7. **Entrevistados que declararam que gostariam de fazer parte do cadastro positivo, de acordo com classe.**

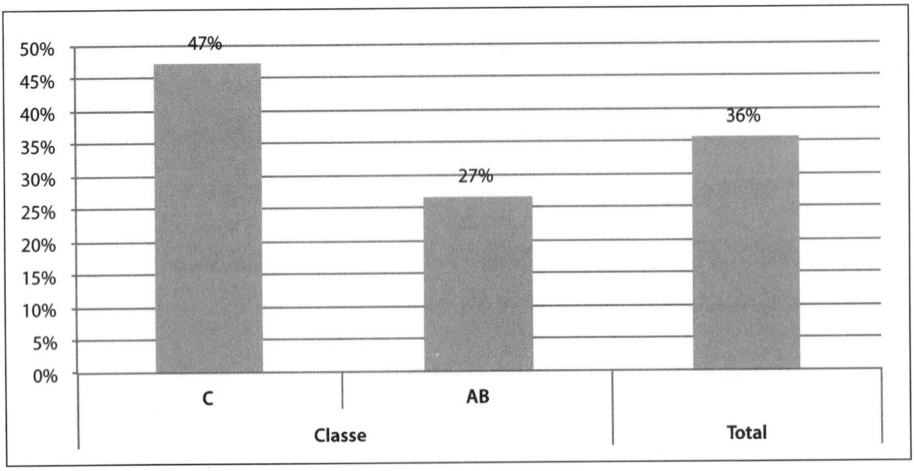

Base: 447 entrevistas.

Um outro grupo de perguntas da pesquisa focou no comportamento dos tomadores de empréstimo. Apesar de 80% dos entrevistados acreditarem que o crédito em si é algo positivo, e mais de 70% entenderem ser o crédito acessível, 77% dos entrevistados não tomaram empréstimos nos 12 meses anteriores à realização da pesquisa. As três principais razões para tanto foram: (i) a ausência de necessidade; (ii) o medo de se endividar; e (iii) os altos custos do empréstimo.

Se o indivíduo pensa não precisar de dinheiro, por que abriria mão de alguma privacidade ou assumiria o risco de ser classificado equivocadamente como um "pagador bom", e não "ótimo"? Logicamente, os entrevistados, que não precisam de empréstimos, tendem a preferir não sacrificar sua privacidade.

Nota-se ainda que os resultados obtidos podem estar relacionados à classe dos entrevistados. Se o indivíduo pertence às classes mais altas, é mais fácil ter acesso ao crédito e se torna menos relevante o registro em um sistema de cadastro positivo. As classes mais baixas têm maior dificuldade de acesso ao crédito e, desse modo, estão mais dispostas a renunciar à parcela maior de privacidade em troca de fácil acesso e melhores condições de crédito.

Considerações finais

A discussão que envolve a implementação do cadastro positivo não é simples. No que concerne à privacidade e ao acesso ao crédito, torna-se relevante a realização de pesquisas empíricas, que objetivem a coleta de dados a respeito do comportamento dos consumidores e da propensão destes em arcar com os custos do cadastro positivo.

Dados padronizados sobre o perfil histórico dos consumidores podem eventualmente contribuir para a redução dos custos para a concessão de crédito. Contudo, esta é uma medida – prevista pela Lei nº 12.414/11 – que isoladamente pode não ser suficiente para proporcionar o fomento e o desenvolvimento no mercado de crédito brasileiro. Isto dependerá, principalmente, de seu impacto positivo no aumento da competição no setor.

Apesar de a criação e a implementação do cadastro positivo serem capazes de reduzir as barreiras à entrada no mercado de crédito, isso pode ser insuficiente para fortalecer a competição entre credores. O fortalecimento da concorrência é possível. No entanto, o cadastro positivo pode gerar custos, como o relacionado à privacidade. E é primordial que as medidas adotadas busquem equilibrar esse aspecto, em especial o tempo em que as informações dos consumidores ficarão registradas no cadastro.

A análise econômica do rol de benefícios possíveis em um cenário de concorrência e dos custos relacionados ao cadastro positivo é necessária para embasar a discussão sobre a implementação desse cadastro.

Referências

AKERLOF, George. The Market for Lemons: Quality Uncertainty and the Market Mechanism. *The Quarterly Journal of Economics*, MIT Press, v. 84, n. 3, p. 488-500, 1970.

AVERY, Robert B.; CALEM, Paul S.; CANNER, Glenn B. Credit Report Accuracy and Access to Credit. *Federal Reserve Bulletin*, Summer, 2004, p. 297–322. Disponível em: <http://www.federalreserve.gov/pubs/bulletin/2004/summer04_credit.pdf>. Acesso em: 15 set. 2010.

FURLETTI, Mark. An Overview and History of Consumer Credit Reporting. *Federal Reserve Bank of Philadelphia Payment Cards Center Discussion Paper*, June 2002.

GALINDO, Arturo; MILLER, Margaret. Can Credit Registries Reduce Credit Constraints? Empirical Evidence on the Role of Credit Registries in Firm Investment Decisions. *Inter-American Development Bank,* Santiago, 2001. Mimeografado.

HUNT, Robert M. A Century of Consumer Credit Reporting in America. *FRB Philadelphia Working Paper*, n. 5-13, jun. 2005. Disponível em: <http://ssrn.com/abstract=757929>. Acesso em: 14 set. 2010.

LIPSEY, R.G.; LANCASTER, Kelvin. The General Theory of Second Best. *The Review of Economic Studies*, v. 24, n. 1, p. 11-32, 1956-1957. Republicado in: KUENNE, Robert E. *Readings in Social Welfare*: Theory and Policy, 2000, p. 48-72.

MARQUES, Cláudia Lima; LIMA, Clarissa Costa; BERTONCELLO, Káren. Prevenção e tratamento do superendividamento. *Caderno de Investigações Científicas*, Brasília: DPDC/SDE, 2010.

POSNER, Richard A. *Economic Analysis of Law*. 7. ed. New York: Aspen Publishers, 2007.

SAMUELSON, William; ZECKHAUSER, Richard. Status Quo Bias in Decision Making. *Journal of Risk & Uncertainty*, v. 1, p. 7-59, 1988.

STATEN, Michael E.; CATE, Fred H. The Impact of National Credit Reporting Under the Fair Credit Reporting Act: the Risk of New Restrictions and State Regulation. *Credit Research Center Working Paper*, n. 67, 2003. Disponível em: <www.ftc.gov/bcp/workshops/infoflows/statements/cate02.pdf>. Acesso em: 14 set. 2010.

5

O Código de Defesa do Consumidor na visão das empresas

Ricardo Morishita Wada
Fabiana Luci de Oliveira

Introdução

As relações de consumo são fatos corriqueiros no dia a dia da população, seja a contratação de um serviço privado ou mesmo público, seja a compra e venda de um produto. Como se trata de relações jurídicas de consumo, são todas regidas pelo Código de Defesa do Consumidor (CDC).

Em pesquisa com os consumidores brasileiros constatamos que entre eles o Código é amplamente conhecido e valorizado, embora ainda pouco utilizado. E os fornecedores? O quanto eles conhecem, como percebem e avaliam e como vêm tratando o CDC?

Para entender a visão e o comportamento dos fornecedores perante o CDC, foram entrevistadas 100 empresas, sorteadas aleatoriamente dentre as 1.000 maiores empresas do Brasil.[1] Na amostragem constam empresas, entre outras, do ramo de telefonia, saúde, produção e comercialização de alimentos e bebidas, eletrodomésticos e eletrônicos, concessionárias de serviços essenciais e serviços financeiros.

Nestas empresas conversou-se com o responsável ou encarregado pela área ou departamento de atendimento aos consumidores – na ausência destes, entrevistou-se o responsável pela política de atendimento ao consumidor.

---

1. Utilizamos como parâmetro para o sorteio das empresas a publicação *Exame* – 1.000 Maiores e Melhores Empresas do Brasil, da Editora Abril, publicada em 2010.

Os resultados da pesquisa indicam alguns aspectos positivos e avanços na visão das empresas sobre o CDC, mas revelam também desafios que projetam um ainda necessário caminho a ser percorrido, para o respeito e atendimento maior dos direitos dos consumidores.

Este capítulo está estruturado em quatro seções: a primeira traz um panorama geral da avaliação que as empresas fazem do CDC; a segunda foca as práticas das empresas concernentes ao atendimento ao consumidor e ao tipo de monitoramento que elas fazem da relação com os consumidores; a terceira seção discute a agenda das empresas quanto ao relacionamento com o consumidor; e a quarta aborda a atitude das empresas perante regulação das relações de consumo no país.

5.1 Avaliação do CDC pelas empresas

Um dado inquietante desperta imediatamente a atenção – ao serem indagados sobre o conhecimento que têm do CDC, apenas 18% declararam conhecê-lo muito bem; 60% declararam conhecer bem; e 22% declararam conhecer muito pouco. Note que a pesquisa adotou como critério algumas das maiores empresas do Brasil, e o entrevistado era responsável pelo atendimento ou pela política de defesa do consumidor – 22% neste contexto pode ser considerado um percentual elevado e preocupante.

A maioria dos entrevistados avalia que da perspectiva da empresa o CDC é bom ou muito bom. A razão é a segurança jurídica, pois para a grande parte dos entrevistados o CDC apresenta especificações e definições de normas de comportamento e expectativas, e assim regula o relacionamento entre fornecedor e consumidor, evitando, com isso, reclamações indevidas dos clientes. Ou seja, o CDC é uma garantia não apenas para consumidores, mas também para as empresas.

Tabela 1. **Avaliação geral das empresas sobre o CDC, de acordo com o número de funcionários.**

	Total de funcionários		
	Total	Até 1.000	Mais de 1.000
Ruim	3%	0%	4%
Nem bom nem ruim	2%	3%	1%
Bom	69%	63%	71%
Muito bom	22%	27%	20%
Bom+muito bom	91%	90%	91%

As poucas empresas que afirmaram que o Código é ruim justificaram com a afirmação de que, no Brasil, as leis mudam muito rapidamente, que em muitas situações o CDC não é claro, ou, ainda, que ele penaliza injustamente as empresas.

O argumento da falta de clareza contrasta com a opinião da maioria, que avaliou positivamente o Código. Para essa maioria o mérito está justamente na segurança jurídica, ou seja, na existência de regras claras, que evitariam excessos por parte dos consumidores.

O dado positivo é que essa visão negativa é residual (3%). No geral, pelo menos na esfera discursiva, ou seja, no discurso público das empresas, o Código é bem visto e bem-vindo (91%). Há uma perfeita sintonia entre o sentimento e a expectativa do consumidor, que declara e reconhece a importância do CDC, e a postura pública dos fornecedores.

Foi solicitado ainda aos entrevistados que avaliassem o CDC a partir de duas perspectivas: a financeira e a de imagem da empresa. O objetivo desta indagação foi examinar a capacidade distributiva dos direitos declarados pelo legislador, assim como a sua sustentabilidade, na medida em que o cumprimento das regras previstas no CDC se tornasse um agregado de valor à imagem da empresa.

Para quase metade dos entrevistados (45%), quando se trata do aspecto financeiro, o CDC impõe custos. Entretanto, essa visão é mais frequente nas empresas com mais de 1.000 funcionários (51%). Nas empresas menores, a percepção de imposição de custos é menor (30%), e é exatamente o mesmo percentual daqueles que declaram haver lucros (30%). Embora próxima, a percepção de lucros é mais baixa nas grandes empresas (23%).

Por fim, o CDC é visto como indiferente em termos financeiros para 16% das empresas, sendo menos indiferente para as grandes empresas (13%) e mais indiferente para as menores (23%). O percentual dos que não souberam responder foi de 16%.

Tabela 2. **Avaliação das empresas sobre as consequências do CDC para a situação financeira da empresa, de acordo com o número de funcionários.**

	Total de funcionários		
	Total	Até 1.000	Mais de 1.000
Impõe custos	45%	30%	51%
É indiferente para os negócios	16%	23%	13%
Traz lucros	23%	30%	20%
Não sabe	16%	17%	16%

No aspecto da imagem, para 38% das empresas, o CDC traz lucros. No caso das empresas maiores, a apropriação positiva do CDC representa 41% dos entrevistados. A percepção dos custos, entretanto, fica em um mesmo patamar para ambos os perfis de empresa, 37%.

Empresas maiores se apropriam mais positivamente do cumprimento do CDC na sua imagem e declaram obter lucros com esta ação, enquanto empresas com menos de 1.000 funcionários expressam uma dificuldade maior de apropriação lucrativa para sua imagem. Para 12% dos entrevistados, o impacto na imagem foi avaliado como indiferente, e outros 13% não souberam responder.

Tabela 3. **Avaliação das empresas sobre as consequências do CDC para a imagem da empresa, de acordo com o número de funcionários.**

	Total de funcionários		
	Total	Até 1.000	Mais de 1.000
Impõe custos	37%	37%	37%
É Indiferente para os negócios	12%	17%	10%
Traz lucros	38%	30%	41%
Não sabe	13%	17%	11%

Perguntados sobre se o CDC apresenta alguma falha, na visão da empresa, 51% dos entrevistados afirmaram que não, 30% afirmaram que sim, e 19% não souberam responder. Essa avaliação geral é transversal ao tamanho das empresas.

As principais falhas apontadas foram de linguagem (23%); falta de clareza nas especificações quanto a procedimentos em situações específicas (9%); parcialidade na penalidade – "empresa sempre paga" (33%); falta de complementação (17%) e falta de divulgação (13%).

Os problemas de linguagem, complementação e divulgação representam mais da metade das críticas (62%), e estão relacionados com a complexidade no mercado de consumo, representada não apenas com a sofisticação dos produtos e dos serviços, mas também pelo próprio processo regulatório das relações de consumo.

A estratégia legislativa adotada pelo CDC apresenta uma sofisticação, na medida em que os tipos normativos são abertos e valorativos e não descritivos e exaustivos, como era habitual da estrutura legislativa do século passado.

A declaração da existência de uma parcialidade na penalidade por quase um terço dos entrevistados é preocupante, pois representa um problema de justiça, de equilíbrio. De outro lado, esta sensibilidade com o tema da punição demonstra que o sentido dissuasório das normas administrativas do CDC tem produzido efeitos.

Dado positivo é que a maioria das empresas possui serviço próprio de atendimento ao consumidor – em 83% delas o SAC é próprio e em 17%, terceirizado. Ao observar quem terceiriza esse serviço, notamos que as empresas menores (até 1.000 funcionários) tendem a terceirizar mais do que as grandes empresas (acima de 1.000 funcionários) – 20% das empresas até 1.000 funcionários terceirizam contra apenas 16% das empresas com mais de 1.000 funcionários.

5.2 Atendimento ao consumidor e monitoramento da relação empresa x consumidor

E como o serviço de atendimento ao consumidor vem sendo feito? Ainda não é a totalidade das empresas que oferece atendimento telefônico; temos 90% das empresas com linha direta com o consumidor, e 79% possuem atendimento gratuito (0800), e 17% apenas atendimento telefônico via linha regular paga. Havia uma expectativa, por se tratar de 100 entre as 1.000 maiores empresas do Brasil, de que houvesse, na sua totalidade, um acesso direto, fácil e gratuito para os consumidores.

Cerca de 76% destas empresas oferecem atendimento pessoal, e a ouvidoria ainda está longe de se tornar prática institucionalizada – apenas 51% das empresas possuem ouvidoria. Embora se trate de uma prática importante e estratégica para as relações de consumo, pouco mais da metade das grandes empresas brindou seus consumidores com um sistema de representação direta nas suas instituições.

Empresas menores tiveram um desempenho melhor na instituição das ouvidorias (57%) do que as empresas maiores (49%), com menos da metade do sistema. É importante lembrar que determinados setores regulados, como o bancário e o securitário, possuem um sistema compulsório de ouvidorias,[2] regulado pelo Banco Central.

Tabela 4. **Percentual de empresas de acordo com a forma oferecida de atendimento ao consumidor.**

		Total de funcionários	
	Total	Até 1.000	Mais de 1.000
Atendimento telefônico	90%	99%	96%
0800	79%	77%	80%
Número regular pago	57%	63%	54%
Atendimento via internet (e-mail ou chat)	83%	87%	81%
Atendimento pessoal	76%	83%	73%
Atendimento via ouvidoria	51%	57%	49%
Média de formas que possui (número absoluto)	3	4	3

Perguntamos aos entrevistados como está hoje o fluxo de reclamações que a empresa recebe por intermédio destes canais de atendimento ao consumidor, comparado a cinco anos, ou seja, a empresa tem recebido mais reclamações de consumidores, menos reclamações ou o fluxo de reclamações tem se mantido estável?

Quase metade das empresas declarou estar recebendo hoje menos reclamações diretas do que há cinco anos. E as empresas menores (com até 1.000 funcionários) são as que mais intensamente afirmam essa tendência.

---

2. Os autores agradecem a análise criteriosa e os comentários críticos que receberam de Francisco Calazans Araújo Junior e Júlio Alves Marques.

Tabela 5. **Percentual de empresas de acordo com situação do fluxo de reclamações hoje comparado a cinco anos.**

Quantidade de reclamações de consumidores	Tamanho da empresa		
	Total	Até 1.000 funcionários	Mais de 1.000 funcionários
Fluxo menor	49%	57%	46%
Fluxo igual	23%	27%	21%
Fluxo maior	24%	13%	29%
Não sabe	4%	3%	4%

E a justificativa das empresas para a diminuição foi primeiramente a melhoria na qualidade do produto ou serviço oferecido (65%), seguida do atendimento mais rápido e eficaz (37%) e do aprendizado com reclamações passadas (33%). O investimento em treinamento (27%) e inovação tecnológica (22%) também são mencionados para explicar a melhoria nos índices de reclamação destas empresas.

Trata-se de uma questão pertinente, pois na pesquisa "A nova classe média e o CDC" o consumidor reclama principalmente da dificuldade de acesso e relata os procedimentos burocráticos para exercer os seus direitos. Este relato é coerente com sua compreensão da "empresa amiga do consumidor". Ela é mais "amiga" quando garante acesso, seja da informação, atendimento e, sobretudo, dos mecanismos de reparação dos danos sofridos nas relações de consumo.

Figura 1. **Razões citadas pelas empresas para explicarem a diminuição no fluxo de reclamações de consumidores.**

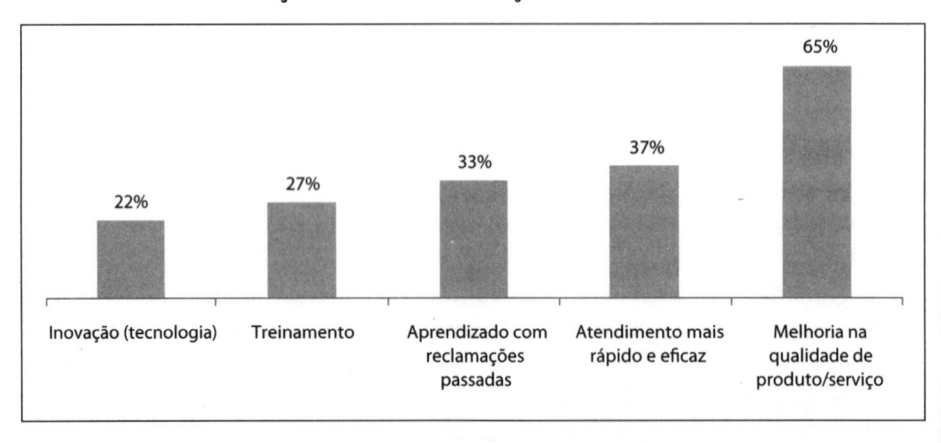

Razão	%
Inovação (tecnologia)	22%
Treinamento	27%
Aprendizado com reclamações passadas	33%
Atendimento mais rápido e eficaz	37%
Melhoria na qualidade de produto/serviço	65%

O investimento em treinamento para funcionários nos últimos 12 meses ocorreu em 83% das empresas, e 54% delas promoveram treinamento relacionado ao atendimento dos consumidores, 13%, para atendimento telefônico, 8%, sobre seus produtos, e apenas 6% promoveram treinamentos específicos ao CDC. Não observamos grande variação na oferta de treinamentos de acordo com o tamanho da empresa.

Os 21 anos de vigência do CDC poderiam justificar a falta de interesse das empresas em promover treinamentos específicos, na exata medida em que a norma se incorporaria no cotidiano das pessoas e dos profissionais contratados, porém relatos de consumidores ainda apontam para necessidade de maior treinamento e conhecimento das normas de proteção e defesa do consumidor – o próprio relato de 22% dos entrevistados que declararam conhecer muito pouco o CDC justificaria uma maior atenção e treinamentos voltados para o trabalho do seu conteúdo.

Entre as empresas que declararam que houve aumento nas reclamações, a principal razão está no maior conhecimento por parte dos consumidores dos seus direitos e no maior acesso à informação (67%), e em segundo lugar, a própria expansão da empresa – que passa a produzir mais, diversifica seus produtos e/ou aumenta o número de clientes (46%). Mudanças na estratégia comercial e problemas na produção aparecem, mas com menor intensidade, a despeito de todo o processo recente dos últimos cinco anos que incluíram novos 40 milhões de consumidores no mercado de consumo.

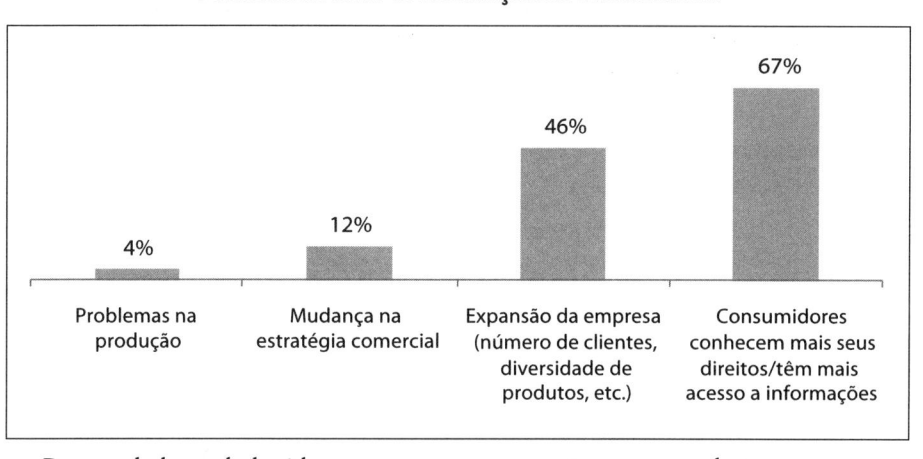

Figura 2. **Razões citadas pelas empresas para explicarem o aumento no fluxo de reclamações de consumidores.**

Razão	Percentual
Problemas na produção	4%
Mudança na estratégia comercial	12%
Expansão da empresa (número de clientes, diversidade de produtos, etc.)	46%
Consumidores conhecem mais seus direitos/têm mais acesso a informações	67%

Por um lado, o dado é bastante transparente e importante, demonstra o reconhecimento das empresas da mudança da postura do consumidor, mais crítico e sensível ao exercício dos seus direitos. No entanto, por outro lado é preocupante, pois o respeito aos direitos não deveria, na prática, depender apenas do conhecimento ou do acesso à informação.

E como as empresas monitoram sua relação com os consumidores? Ao serem indagadas sobre as formas de acompanhamento, a maioria das empresas declarou que se vale do SAC para monitorar as reclamações (85%), não havendo diferença na importância desse canal de acordo com o tamanho da empresa. Em segundo lugar, aparece o Procon, e as empresas maiores (com mais de 1.000 funcionários) tendem a utilizar mais essa via do que as empresas menores.

O Judiciário aparece em terceiro lugar, com a mesma diferença de uso de acordo com o tamanho da empresa – as maiores adotam mais o monitoramento via Judiciário do que as menores. Menos da metade das empresas se vale da ouvidoria, e as empresas menores utilizam mais ouvidoria do que as maiores. Uma vez que apenas 51% das empresas possuem ouvidoria, quase a totalidade delas se vale desse instrumento como monitoramento das relações com o consumidor.

Um dado surpreendente está na atenção dada às agências reguladoras – apenas 34% das empresas declararam que monitoram as relações com os consumidores a partir das reclamações feitas às agências.

Empresas maiores acompanham mais reclamações nos Procons (69%) e no Poder Judiciário (64%) do que empresas menores. É possível que tais demandas sejam tratadas, na sua totalidade, por áreas jurídicas, mas, de um modo geral, pode-se afirmar, pelas respostas obtidas, que o monitoramento não é completo ou articulado e que as áreas de atendimento ou de política de defesa do consumidor nas empresas acompanham com pouca atenção os mecanismos de atendimento e de acesso à justiça do Estado.

Tabela 6. **Formas pelas quais empresas monitoram as relações com os consumidores, de acordo com o tamanho da empresa (total de funcionários).**

	Tamanho da empresa		
	Total	Até 1.000 funcionários	Mais de 1.000 funcionários
SAC	85%	83%	86%
Procon	63%	50%	69%
Judiciário	58%	43%	64%
Ouvidoria	49%	57%	46%
Agências Reguladoras	34%	37%	33%
Outras formas (pesquisa, redes sociais, reclame aqui etc.)	30%	27%	31%

No relacionamento com o cliente, não poderíamos deixar de tratar das empresas que atuam em cadeia, ou seja, empregam produtos fabricados por outras empresas – por exemplo, uma empresa de prestação de serviços de telefonia celular atua com empresas fabricantes de aparelhos celulares. Mais da metade das empresas entrevistadas (56%) atua em cadeia.

Para essas empresas que atuam em cadeia perguntamos como procedem no caso de ocorrer um dano ou reclamação do consumidor.

Tabela 7. **Responsabilidade de responder pelo dano/reclamação quando empresas atuam em cadeia, de acordo com tamanho da empresa.**

Responsabilidade	Total	Total de funcionários	
		Até 1.000	Mais de 1.000
Da empresa	80%	65%	87%
Do fabricante	14%	29%	8%
Não há política definida	6%	6%	5%

A grande maioria tem uma política definida sobre a quem cabe a responsabilidade de responder a essa reclamação, e em 80% dos casos cabe à própria empresa, em 14%, ao fabricante do produto – a política varia um pouco de acordo com o tamanho da empresa. Para 6% das empresas não há política definida. A alocação do risco ainda se concentra naquele que mantém um contato direto com o consumidor. Apenas para registro, a responsabilidade solidária está presente em pelo menos quatro disposições no CDC, sendo uma na própria parte geral.

5.3 O lugar do consumidor na agenda das empresas

E qual é o *locus* que o consumidor ocupa na agenda corporativa dessas empresas? Pouco mais da metade delas (55%) declara que adota metas de incentivo ou bonificação para a boa avaliação no atendimento ao consumidor. E 38% das empresas já preveem perda de bonificação em caso de má avaliação. Ou seja, o *locus* do consumidor na agenda corporativa vem ganhando espaço para premiar ou punir executivos em caso de boa ou má avaliação do consumidor. É preciso reconhecer esses números, pois eles indicam um processo de amadurecimento do mercado quando se trata de governança corporativa, todavia importante registrar que essas empresas ainda têm um grande espaço para o amadurecimento da questão do CDC.

Tabela 8. **Percentual de empresas de acordo com as práticas de bonificação relativas à avaliação dos consumidores.**

	Total	Total de funcionários	
		Até 1.000	Mais de 1.000
Adotam metas de incentivo (ou bonificação) para a boa avaliação no atendimento ao consumidor	55%	70%	49%
Aplicam perda de bonificação para má avaliação no atendimento ao consumidor	38%	30%	41%

Abordamos também o *locus* do consumidor na agenda da empresa a partir do levantamento da existência de política ou uma agenda específica voltada para a resolução ou diminuição de conflitos com o consumidor. O dado positivo é que a maioria das empresas (72%) declarou possuir uma agenda específica para essa finalidade. O dado negativo é o conteúdo dessa agenda. Trata-se de aspectos elementares previstos pelo Código. Quase metade das empresas aponta para obrigações legais ou elementares para atendimento ao consumidor.

Tabela 9. **Percentual de empresas que possuem agenda ou política específica voltada para a resolução ou diminuição de conflitos com o consumidor, de acordo com número de funcionários.**

		Total de funcionários	
	Total	Até 1.000	Mais de 1.000
Possui agenda	72%	77%	70%

Figura 3. **Conteúdo da agenda de resolução ou diminuição de conflitos com o consumidor.**

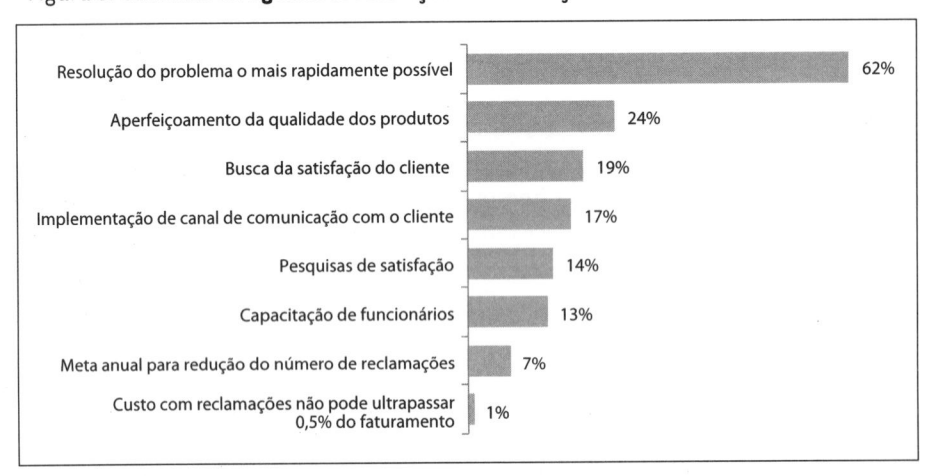

Resolução do problema o mais rapidamente possível	62%
Aperfeiçoamento da qualidade dos produtos	24%
Busca da satisfação do cliente	19%
Implementação de canal de comunicação com o cliente	17%
Pesquisas de satisfação	14%
Capacitação de funcionários	13%
Meta anual para redução do número de reclamações	7%
Custo com reclamações não pode ultrapassar 0,5% do faturamento	1%

Ainda com o objetivo de entender a importância do consumidor e do CDC na agenda das empresas, perguntamos aos entrevistados quais as formas que a empresa utiliza para avaliar sua imagem no mercado.

A principal ferramenta apontada por elas foi a pesquisa de mercado, com 45% de menções. Em segundo lugar, com 25% de citação, aparece a análise de reclamações, e em terceiro lugar, a qualidade dos produtos. E, se forem observados todos os aspectos citados, constata-se que a "voz do consumidor", representada pelas reclamações, aparece de forma menos frequente quando comparada aos recursos de análise de mercado.

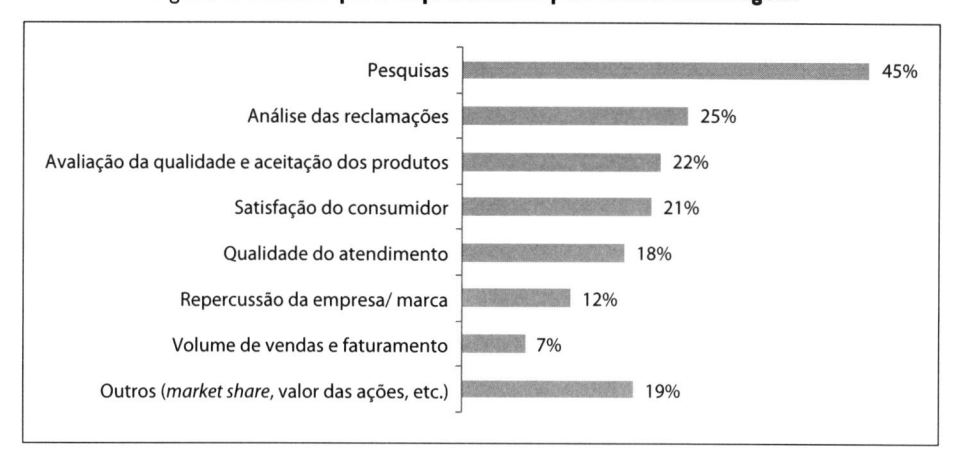

Figura 4. **Critérios que a empresa utiliza para avaliar sua imagem.**

Critério	%
Pesquisas	45%
Análise das reclamações	25%
Avaliação da qualidade e aceitação dos produtos	22%
Satisfação do consumidor	21%
Qualidade do atendimento	18%
Repercussão da empresa/ marca	12%
Volume de vendas e faturamento	7%
Outros (*market share*, valor das ações, etc.)	19%

Abordamos também a percepção que as empresas têm em relação ao futuro do CDC, perguntando aos entrevistados o que imaginam que será do Código nos próximos dez anos. Para a maioria, o CDC continuará a existir, e com uma força maior do que ele possui hoje. Apenas 1% das grandes empresas acredita que ele desaparecerá.

Tabela 10. **Visão da empresa sobre o futuro do CDC, de acordo com número de funcionários.**

		Total de funcionários	
	Total	Até 1.000	Mais de 1.000
Continuará a existir, mas com mais força que hoje	79%	83%	77%
Continuará a existir, mas com menos força que hoje	1%	0%	1%
Continuará a existir como é hoje	19%	17%	20%
Desaparecerá	1%	0%	1%

5.4 Atitudes das empresas diante da regulação das relações de consumo no Brasil

Testamos ainda algumas visões que as empresas têm sobre a regulação das relações de consumo no Brasil e o conhecimento de ONGs que atuam nessa esfera.

A primeira visão testada é a de que a defesa do consumidor valoriza a marca da empresa. A grande maioria das empresas concordou (97%).

A segunda visão, também quase consensual, com 97% de concordância, é de que o consumidor brasileiro hoje tem outro perfil, ele está mais bem informado e reclama mais seus direitos.

Tabela 11. **Percentual de empresas que concordam com afirmações, de acordo com o número de funcionários.**

Concorda com afirmação:	Total	Total de funcionários	
		Até 1.000	Mais de 1.000
A defesa do consumidor deve ser pensada como um ativo da empresa, pois valoriza a marca	97%	97%	96%
O consumidor brasileiro mudou. Hoje ele reclama mais seus direitos	97%	100%	96%
O Judiciário tende a decidir favoravelmente ao consumidor e contra a empresa, mesmo quando a empresa está com a razão	56%	50%	59%

Uma afirmação controversa, mas que pouco mais da metade das empresas concorda, é que o Judiciário brasileiro é pró-consumidor e contra empresa, julgando os casos favoravelmente ao consumidor, mesmo quando a empresa está com a razão: 56% do total de empresas concordou com a afirmação, uma vez que as empresas maiores tendem a concordar um pouco mais que as menores.

Mais da metade das empresas (57%) é associada a alguma entidade de classe, e um pouco mais da metade (55%) dos entrevistados não soube responder se essa entidade possui ou não uma área específica aos direitos do consumidor; 32% declararam que possui e 13%, que não possui.

A maioria das empresas (71%) desenvolve algum programa de responsabilidade social, e 43% das empresas investem em programas ambientais, 23% em programas voltados para menores, 11% na área de saúde e 8% em projetos culturais – 15% das empresas não souberam responder se a empresa tem programa de responsabilidade social e 14% das empresas não possuem programas.

Tabela 12. **Instituições citadas por aqueles que declararam conhecer ONGs de defesa dos direitos do consumidor.**

	Total de funcionários		
	Total	Até 1.000	Mais de 1.000
Idec	20%	47%	40%
Proteste	20%	40%	35%
Reclame aqui	20%	20%	20%
Mercado Ético	20%	0%	5%
Nudecon	20%	0%	5%
Alerj	20%	0%	5%
Procon	0%	7%	5%
Brasil com	0%	7%	5%
Probare	0%	7%	5%

Considerações finais

Houve um avanço considerável nos últimos 21 anos de vigência do CDC, que pode ser representado sobretudo pelo sentimento de importância e relevância da defesa do consumidor para a sociedade brasileira. O mercado e os consumidores coincidem nesta avaliação e percepção.

Todavia, os desafios estão presentes e representam uma grande janela de oportunidade para a construção de lideranças que conciliem um atendimento ao consumidor adequado às suas novas expectativas e, ao mesmo tempo, garantam eficiência econômica no negócio, resultando em um desenvolvimento sustentável, com ganhos para toda a sociedade.

Se há o reconhecimento da importância do CDC, impressiona o dado que 22% do atendimento ao consumidor das maiores empresas do Brasil não conheçam, ou conheçam muito pouco, o Código.

Outro dado relevante está na compreensão de 45% dos entrevistados de que o CDC representa um custo para a empresa. Em certa medida, para quase metade dos entrevistados, o aspecto distributivo do CDC ainda não está consolidado. Apenas 38% dos entrevistados conseguiram traduzir o CDC como lucro, na medida em que lograram incorporar seus impactos positivos à imagem da empresa.

O custo parece ter ainda um peso grande na avaliação e pode auxiliar na análise crítica apresentada pela pesquisa anterior com a população, em que 62% dos consumidores declararam que não reclamam, ou pouco reclamam, quando são lesados nos seus direitos, e apontam como uma das principais justificativas para o exercício do direito de reclamar o problema do acesso aos fornecedores.

É preocupante também quando se verifica o nível de monitoramento das reclamações dos consumidores nos órgãos públicos, ainda que o Procon e o Judiciário tenham percentuais relevantes (63% e 58%, respectivamente).

Foi interessante acompanhar que, institucionalmente, o espaço e a importância do atendimento ao consumidor, representados pelos processos de incentivos positivos (premiações) e negativos, são utilizados pelas empresas. Nas empresas menores, pode-se vislumbrar um processo de institucionalização (70%), porém nas grandes empresas, com maior poder de afetar o consumidor, o bom atendimento ao consumidor só é premiado em quase metade delas (49%).

Em uma análise da visão das empresas, a defesa do consumidor é um processo irreversível. Tende a ficar mais forte nos próximos anos. Trata-se de uma avaliação acertada, porém traz inúmeros desafios para o mercado e para os próprios consumidores, que superados resultarão em uma sociedade mais democrática e cidadã.

E, por fim, não podemos esquecer das mudanças pelas quais a sociedade brasileira vem passando nos últimos anos, sobretudo a expansão do consumo via crescimento do segmento médio (a nova classe média ou Classe C), que hoje representa mais da metade da população.

Serão decisivos para os próximos anos a adaptação das empresas ao novo perfil da sociedade e o melhoramento da comunicação e do relacionamento com o consumidor. Logo, saberemos se haverá a repetição de um ciclo de reclamações e conflitos, ou se o aprendizado e investimento dos 21 anos de Código de Defesa do Consumidor foram capazes de inaugurar um novo ciclo, virtuoso, para o mercado, para a sociedade e todos nós consumidores.

Cartão Resposta

0501200048-7/2003-DR/RJ
Elsevier Editora Ltda

...CORREIOS...

ELSEVIER

SAC | 0800 026 53 40
ELSEVIER | sac@elsevier.com.br

CARTÃO RESPOSTA

Não é necessário selar

O SELO SERÁ PAGO POR
Elsevier Editora Ltda

20299-999 - Rio de Janeiro - RJ

nosso trabalho para atendê-lo(la) melhor e aos outros leitores.
Por favor, preencha o formulário abaixo e envie pelos correios ou acesse www.elsevier.com.br/cartaoresposta. Agradecemos sua colaboração.

Seu nome: _____

Sexo: ☐ Feminino ☐ Masculino   CPF: _____

Endereço: _____

E-mail: _____

Curso ou Profissão: _____

Ano/Período em que estuda: _____

Livro adquirido e autor: _____

Como conheceu o livro?

☐ Mala direta   ☐ E-mail da Campus/Elsevier
☐ Recomendação de amigo   ☐ Anúncio (onde?) _____
☐ Recomendação de professor
☐ Site (qual?) _____   ☐ Resenha em jornal, revista ou blog
☐ Evento (qual?) _____   ☐ Outros (quais?) _____

Onde costuma comprar livros?

☐ Internet. Quais sites? _____
☐ Livrarias ☐ Feiras e eventos ☐ Mala direta

☐ Quero receber informações e ofertas especiais sobre livros da Campus/Elsevier e Parceiros.

Siga-nos no twitter @CampusElsevier

Qual(is) o(s) conteúdo(s) de seu interesse?

Concursos
- [ ] Administração Pública e Orçamento
- [ ] Arquivologia
- [ ] Atualidades
- [ ] Ciências Exatas
- [ ] Contabilidade
- [ ] Direito e Legislação
- [ ] Economia
- [ ] Educação Física
- [ ] Engenharia
- [ ] Física
- [ ] Gestão de Pessoas
- [ ] Informática
- [ ] Língua Portuguesa
- [ ] Línguas Estrangeiras
- [ ] Saúde
- [ ] Sistema Financeiro e Bancário
- [ ] Técnicas de Estudo e Motivação
- [ ] Todas as Áreas
- [ ] Outros (quais?)

Educação & Referência
- [ ] Comportamento
- [ ] Desenvolvimento Sustentável
- [ ] Dicionários e Enciclopédias
- [ ] Divulgação Científica
- [ ] Educação Familiar
- [ ] Finanças Pessoais
- [ ] Idiomas
- [ ] Interesse Geral
- [ ] Motivação
- [ ] Qualidade de Vida
- [ ] Sociedade e Política

Jurídicos
- [ ] Direito e Processo do Trabalho/Previdenciário
- [ ] Direito Processual Civil
- [ ] Direito e Processo Penal
- [ ] Direito Administrativo
- [ ] Direito Constitucional
- [ ] Direito Civil
- [ ] Direito Empresarial
- [ ] Direito Econômico e Concorrencial
- [ ] Direito do Consumidor
- [ ] Linguagem Jurídica/Argumentação/Monografia
- [ ] Direito Ambiental
- [ ] Filosofia e Teoria do Direito/Ética
- [ ] Direito Internacional
- [ ] História e Introdução ao Direito
- [ ] Sociologia Jurídica
- [ ] Todas as Áreas

Media Technology
- [ ] Animação e Computação Gráfica
- [ ] Áudio
- [ ] Filme e Vídeo
- [ ] Fotografia
- [ ] Jogos
- [ ] Multimídia e Web

Negócios
- [ ] Administração/Gestão Empresarial
- [ ] Biografias
- [ ] Carreira e Liderança Empresariais
- [ ] E-business
- [ ] Estratégia
- [ ] Light Business
- [ ] Marketing/Vendas
- [ ] RH/Gestão de Pessoas
- [ ] Tecnologia

Universitários
- [ ] Administração
- [ ] Ciências Políticas
- [ ] Computação
- [ ] Comunicação
- [ ] Economia
- [ ] Engenharia
- [ ] Estatística
- [ ] Finanças
- [ ] Física
- [ ] História
- [ ] Psicologia
- [ ] Relações Internacionais
- [ ] Turismo

Áreas da Saúde
- [ ]

Outras áreas (quais?): _____

Tem algum comentário sobre este livro que deseja compartilhar conosco? _____